KB042766

직지와 의궤에 일생을 바친

박병선

잊어서는 안 되는 문화 수호자들의 업적을 기리며

최준식 지음

직지와 의궤에 일생을 바친

박병선

잊어서는 안 되는 문화 수호자들의 업적을 기리며

최준식 지음

주류성

목차

책을 펴면서

이제야 '마음의 빚'을 조금 갚은 것 같다. 무슨 빚을 말하는 것일까? 한국의 세계적인 유산을 지킨 우리의 영웅들에 대한 빚이 그것이다. 이 책에 나오는 다섯 분은 한국이 '보유한' 세계기록유산을 지켜낸 분들이다. 이 책의 주인공인 박병선 박사와 『고려대장경』을 살려낸 김영환 대령, 『훈민정음 해례본』을 지킨 전형필 선생, 『조선왕조실록』을 구한 안의와 손홍록 선생이 그들이다. 이들은 귀중한 유산이 사라질 위기에 처했을 때 이 유산을 살린 분들이다(『직지심체요절』의 경우는 조금 다르지만).

나는 진즉에 이 분들의 영웅적인 면모에 대해 대중들에게 알리고 싶었다. 이 분들은 세계적인 유산을 구한 분인데도 이들의 영웅적인 공적을 다룬 소개서가 시중에 하나도 없었기 때문이다. 본문에 설명되어 있지만 이 분들이 이 유산들을 구할 때 어떤 일이 있었는지에 대해 상세하게 서술한 문헌은 거의 없다. 국사 교과서에서도 이 분들은 다루지 않는다. 그렇다면 한국인들은 이 분들에 대한 정보를 어떻게 접할 수 있을까? 그저 인터넷 공간에 돌아다니는 파편적인 정보밖에 없다. 나는 이런 현실을 직시하면서 한국인들이 정신이 나갔다고 생각했다. 왜냐하면 자기 조상 가운데 이렇게 훌륭한 분들이 있는데도 관심을 기울이지 않으니 그렇게 생각할 수밖에 없었던 것이다. 이 분들이 얼마나 훌륭하고 의미 있는 일을 했는지는 본문에 소상히 나와 있다.

이런 상황에 대해 제자들과 논의하다가 이 분들을 한국인들에게 효율적으로 홍보할 수 있는 방안을 생각해보았다. 그때 나온 아이디어는 이 분들을 기리는 날을 만들어 공포하자는 것이었다. 예를 들어 박병선 박사와 『직지심체요절』과 가장 관계되는 날을 선정해 '박병선의 날' 혹은 '박병선스 데이(박병선's Day)'를 만들자는 것이었다.

그리고 그런 사실을 알릴 수 있는 달력을 만들어 배포하면 어떨까 하는 아이디어도 나왔다. 이런 달력을 소지하고 있으면 자연스럽게 박병선의 날이나 김영환의 날 등을 만날 것이고 그런 날을 맞게 되면 그 분들을 기릴 수 있는 것 아니냐는 안이 나온 것이다. 이 생각은 나름대로 참신했지만 우리가 개인적인 차원에서 할 수 있는 일이 아니라 실현하지는 못했다. 한국인들은 발렌타인 데이나 화이트 데이 혹은 빼빼로 데이처럼 '데이' 만드는 일을 잘하는데 왜 자신들의 영웅에 대해서는 그 흔한 '데이' 하나 안 만드는지 모르겠다.

이 분들을 기억할 수 있는 '데이'를 만드는 데에는 실패했지만 나는 그 후에도 계속해서 이 분들을 대중들에게 알릴 수 있는 방법에 대해 골몰하고 있었다. 그런데 마침 청주 고인쇄 박물관에서 박병선 박사와『직지심체요절』에 대해서 써달라는 연락이 왔다. 내가 실로 하고 싶었던 일을 부탁받았던 터라 무조건 응했다. 그런데 이 원고는 영어 번역을 위한 한글 저본이라 한글로는 출간되지 않았다. 그래서 나는 박병선의 위대한 업적에 대해 단행본을 쓰기로 마음먹고 원고를 불렸다. 박병선 박사는 '직지'를 발견하기도 했지만 '조선왕조의궤'도 찾아낸 분이라 '의궤'의 발견과 반환에 관계된 내용을 부가했다. 이 '의궤'와 관련된 이야기도 흥미진진해서 원고를 쓰는 동안 내내 재미있었다.

그렇게 박병선 박사에 대한 글이 완성되었는데 그 참에 욕심이 나기 시작했다. 앞에서 말한 4분의 영웅도 첨가하고 싶었기 때문이다. 이 분들에 관해서는 전문적인 연구를 하지 않아 원고의 양이 단행본으로 내기에는 턱없이 부족했다. 그러나 만일 이번 기회를 놓치면 이 분들의 업적에 대해 아예 밝힐 수 없을 것 같았다. 또 앞으로 이 분들에 대한 연구가 언제 제대로 이루어질지 그것도 불투명했다. 그래서 그냥 지금까지 알려진 것만 가지고 이 분들에 대해 쓰기로 했다. 그렇게 해서 이 분들의 영웅적인 면모에 대해 집필하기 시작했는데 이번에 새로 쓰면서 이 분들에 대해 새롭게 알게 된 것이 적지 않았다. 따라서 독자 여러분들도 이 분들과 관련해서 새로운 이야기를 접할 수 있을 것이다. 그렇게 해서 작성하게 된 이 분들에 대한 설명은 이번 책에 서론처럼 앞부분에 들어가게 되었다.

나는 이 책으로 독자들이 위에서 열거한 한국의 문화영웅과 그 분들의 업적에 대해 알게 된다면 더 이상 원이 없겠다. 그리고 한국인들이 이런 영웅들이 있었다는 사실을 알고 자랑스러워했으면 좋겠다. 그뿐만 아니라 지금 한국인이 이렇게 자유롭고 풍요로운 나라에 살 수 있는 것은 이 같은 영웅들 덕이라는 사실도 알아차렸으면 한다. 자고로 조상을 무시하고 잘 된 민족은 없다. 그런데 이 책에서 소개하고 있는 조상들은 그저 그렇고 그런 조상이 아니지 않는가? 이 분들은 세계적인 유산을 지킨 위대한 분 아닌가? 그러니 기리고 또 기릴 일이다. 앞으로 그런 일이 한국에 일어나기를 바라면서 서문을 마친다.

2021년 가을 초엽에서
지은이 삼가 적음

I
박물관에 있는 것도 아니고
훔친 것도 아니고

"여러분들, 『직지심체요절』(이하 직지)이라는 책 아시죠? 그게 무슨 책이에요? 한마디로 하면 무슨 책이라고 말할 수 있을까요?"

나는 "한국의 문기(文氣)"라는 제목으로 강의할 때마다 이 질문을 청중들에게 던지곤 했다. 그러면 역사에 관심 있는 사람은 쭈뼛거리며 답을 한다.

"금속활자로 인쇄된 책 가운데 제일 오래된 책 아닌가요?"

"그 답은 틀린 것은 아니지만 정확한 것은 아닙니다. 이 책은 그냥 가장 오래된 금속활자 인쇄본이 아니라 지금 남아 있는 것 가운데 가장 오래된 금속활자 인쇄본이지요. 기록에 따르면 이 책보다 훨씬 전에 인쇄된 책이 있습니다."

이렇게 설명해주고 나는 다른 질문을 던진다. '이 책은 지금 어디에 있나요?'라고 물으면 사람들이 잘 대답을 못한다. 그러면 내가 서둘러 '이 책은 지금 프랑스에 있지요' 하면서 답을 말해준다. 사실 이것은 다음 질문을 하기 위해 청중들에게 미끼를 던진 것이다. 다시 내가 묻는다.

"그럼 이 책은 지금 어디에 있나요?"

이 질문에 청중들은 설왕설래하는데 이 책이 프랑스에 있다는 것은 내게 들어서 알겠는데 정확한 소재지가 생각나지 않는 모양이었다. 그럴 때 대부분의 답은 '루브르 박물관'이라는 것이었다. '아, 그렇군요'라고 하면서 나는 또 질문을 던진다.

"그럼 이 책은 프랑스 사람들이 강탈한 거예요? 아니면 사 가지고 간 거예요?"

이 질문에 대부분의 청중들은 기다렸다는 듯이 입을 모아 이렇게 답한다.

"훔쳐 간 것이에요."

대화는 이런 식으로 진행되는데 안타깝게도 청중들의 대답은 모두 틀렸다. 이 책은 루브르 박물관이 아니라 파리에 있는 프랑스 국립도서관에 있다. 나는 이를 말할 때마다 청중들에게 '아니 책이 왜 박물관에 있습니까? 도서관에 있어야지'라고 가볍게 힐문하곤 했다. 그리고 이 책은 프랑스인이 훔쳐간 것이 아니라 19세기 말에 조선에 공사로 파견된 프랑스인 플랑시가 돈을 주고 사서 가져간 것이다.

프랑스인들이 훔쳐간 것은 강화도 외규장각에 있던 『조선왕조의궤』(이하 의궤)이다. 사람들은 이 둘을 혼동하고 있는 것이다. 그래서 나는 청중들에게 '한국인들은 피해 의식이 조금 있는 것 같다'고 농을 하면서 직지는 프랑스인 덕에 보존된 것이라 외려 그들에게 감사해야 된다고 말하곤 했다. 이와 더불어 이 책이 현존하는 세계 최고의 금속활자 인쇄본이 된 데에는 박병선 박사라는 분의 절대적인 공이 있다는 것도 알려준다.

직지는 그가 발견하기 전까지 도서관 서고에서 아무 관심도 받지 못한 채 처박혀 있었다. 이것을 박 박사가 찾아내 온갖 노력을 다한 끝에 금속활자로 인쇄한 한국의 책이라는 사실을 밝혀낸 것이다. 본서(本書)의 앞부분은 바로 박병선 박사가 직지를 찾아내고 금속활자 인쇄본이라는 사실을 증명하는 과정에 대해 서술하고 있다.

II
한국인에게 알리는 일을
더 이상 미룰 수 없어

나는 그동안 유네스코에 등재된 한국의 세계기록유산에 대해 책을 내면서 스스로에게 한 가지 작은 약속을 했다. 이 유산이 우리의 손에 들어올 수 있게 노력을 아끼지 않은 분들을 한국인들에게 알려야겠다는 것이 그것이다. 그 유산들 가운데 몇몇은 과거 우리 조상들의 헌신적인 노력으로 지금까지 보존될 수 있었다. 나는 진즉에 그분들을 우리의 '문화 영웅'이라고 불렀다. 그런데 현대 한국인들은 이 분들이 이룩한 공로에 대해서 잘 모를 뿐만 아니라 이런 분이 존재했는지에 대해서도 무지한 경우가 많았다. 이것은 조상들에게 대한 예우가 아니다. 자고로 조상을 잘 모셔야 후손들이 잘 사는 법이다. 자기들 조상을 무시하고 번영한 민족은 본 적이 없는 듯하다.

그런데 이 분들은 그냥 조상이 아니라 영웅들이다. 그래서 우리가 꼭 알아야 한다. 이런 분들의 업적을 연구하고 알리는 일은 한국인들이 스스로 해야 한다. 이런 일은 어떤 외국인도 해주지 않는다. 나는 평소에 이런 생각을 갖고 항상 이 분들에 대해 책을 쓰고 싶었는데 차일피일 미루기만 하고 선뜻 글발이 오르지 않았다. 아마도 내적이든 외적이든 동기가 없었기 때문이었을 것이다.

그러던 차에 마침 2019년 후반기에 청주에 있는 고인쇄박물관에서 연락이 왔다. 이 박물관은 잘 알려진 것처럼 직지를 인쇄한 흥덕사 터에 세워졌다. 박물관 측은 직지를 널리 홍보하고자 이 책의 발견과 보존에 관계된 분들에 대한 이야기를 책으로 내고자 한다고 했다. 그분들은 다름 아닌 이 책의 주인공인 박병선 박사를 위시하여 초대 프랑스 공사였던 플랑시, 그리고 그 부관이었던 꾸랑, 이 세 사람을 말한다.

잘 알려진 것처럼 플랑시는 직지를 구입한 사람이다. 그리고 그는 부관인 꾸랑과 더불어 직지를 포함하여 조선의 많은 서책에 대해 서지(書誌)를 만들었다[1]. 그는 퇴임 후 자신이 모은 책들을 모두 프랑스로 가져갔는데 그 가운데 직지가 프랑스 국립도서관에 안착되는 데에 큰 공을 세운다.

그 과정에 대한 자세한 설명은 본론에서 하게 될 터인데 플랑시의 공은 아무리 찬양해도 지나치지 않을 것이다. 그러나 그렇다 하더라도 직지가 현존하는 세계 최고(最古)의 금속활자 인쇄본이라는 사실을 박병선 박사가 밝혀내지 않았다면 이 책의 진가는 세상에 알려지지 않았을 것이다. 그런 면에서 박병선 박사가 이룩한 업적은 플랑시의 그것보다 더 크면 컸지 결코 작다고 할 수 없다. 어떻든 플랑시, 꾸랑, 그리고 박병선 박사 덕에 직지는 세계 최고의 금속활자 인쇄본이라는 영예를 갖게 되었다.

고인쇄박물관 측에서는 나에게 이 세 분 가운데 박병선 박사에 대해 글을 써달라고 부탁했다. 당시 나는 그렇지 않아도 박 박사 같은 문화 영웅을 알리는 글을 쓰고 싶었기에 이 제안을 흔쾌히 승낙했다. 그런데 이 책

---

1) 모리스 꾸랑, 『한국서지—수정번역판』, 이희재 역(1997), 일조각.

은 애초부터 한글 원고를 영어로 번역할 심산으로 기획된 것이라 한글판은 나오지 않았다. 박물관 측은 영어로 된 책을 만들어 전 세계에 홍보할 심산이었던 것이다.

이런 사정은 충분히 이해된다. 하지만 왜 한글로는 책을 출간할 생각을 하지 않는지 알 수 없었다. 한국인들 역시 직지와 관련해서 그리 아는 것이 없다. 한국인들이 박병선 박사에 대해서는 어느 정도 알고 있지만 플랑시나 꾸랑에 대해서는 잘 모를 터인데 왜 한국인들에게 이 분들에 대해 알릴 생각을 하지 않는지 안타까웠다. 이런 생각을 하면서 고인쇄박물관이 부탁한 원고를 썼고 그 원고는 번역되어 다른 원고와 묶여서 2020년에 영문 단행본으로 나왔다.[2]

그런데 막상 이 원고가 영어 책으로 나오니 내가 쓴 원래의 한글 원고가 아까워졌다. 영문판은 한국인들에게는 존재하지 않는 책이나 다름없었다. 그러나 나는 한국인들에게도 직지가 어떤 과정을 거쳐 세계 최고의 금속활자 인쇄본으로 인정받게 되었는지에 대해 세세한 사정을 알리고 싶었다. 직지가 세계 최초의 금속활자 인쇄본으로 인정받는 데에는 박 박사의 고초와 지난(至難)한 과정이 있었기 때문이다.

그런 생각을 거듭한 끝에 나는 기존의 원고를 불려서 박병선 박사와 직지에 관계된 모든 것을 자세하게 설명하는 단행본을 내기로 마음을 굳혔다. 결심을 하고 조사해보니 놀랍게도 박병선 박사에 대해 다룬 단행본이 한 권도 없다는 사실을 알게 되었다. 박 박사에 대한 책은 겨우 어린이들이 보는 책 한 권뿐이었다. 참으로 한심하다는 생각이 들었다.

박병선 박사는 직지를 발견했을 뿐만 아니라 그것이 금속활자로 인쇄된

---

2) 『Jikji : Light from the East』 Cheongju Early Printing Museum.

책이라는 사실을 밝히기 위해 혼신의 노력을 기울였다. 그 과정에서 그가 보여준 열정과 헌신은 보는 이로 하여금 눈물짓게 할 정도로 절절했다. 그가 아니었다면 이 책은 영원히 프랑스 국립도서관에서 중국책으로 분류되어 전혀 주목받지 못했을 것이다. 또 그가 혼신의 힘을 다해 이 책이 금속활자로 인쇄된 것이라는 사실을 밝혀내지 않았다면 여전히 세계인들은 가장 오래된 금속활자 인쇄본을 독일의 구텐베르크가 만든 『42행 성서』라고 믿고 있었을 것이다. 그러나 박 박사 덕분에 한국이 세계 최초 금속활자 발명국이라는 엄청난 영예를 안게 된 것이다.

그동안 한국인들은 자국 내에서만 한국이 인류 역사상 금속활자의 최초 발명국이라고 공언했다. 노상 자기들끼리만 이렇게 말하면서 우쭐하곤 했는데 국제 사회에서는 이 사실이 인정받지 못했다. 국제 사회에서는 당연히 금속활자의 최초 발명자는 독일의 구텐베르크로 되어 있었다.[3]

사정이 이렇게 된 것은 한국이 금속활자의 최초 발명국임을 증명할 수 있는 현물이 나오지 않았기 때문이다. 한국인들은 한국사를 공부하면서 자신들의 조상이 구텐베르크가 금속활자를 발명한 것보다 200년 일찍 금속활자를 만들었다는 사실을 알고 있었지만 그것을 증명할 만한 서책이 없었다. 그래서 한국인들은 국제 사회에 공개적으로 이 사실을 발표하지 못하고 있었다. 그런데 이러한 상황을 일거에 급반전시킨 게 박병선 박사의 직지 발견 사건이었다. 그 덕분에 한국인들은 세계를 향해 대 놓고 '한국은 인류 역사상 금속활자를 처음으로 발명한 국가다'라고 외칠 수 있게 된 것이다.

---

3) 이것은 지금도 크게 변하지 않았다. 가령 서양인에게 'Do you know who invented the first metal type?(누가 금속활자를 최초로 발명했는지 아는가?)'라고 물으면 그들은 대부분 'It's Gutenberg'라고 답한다.

우리는 세계인들이 왜 그동안 한국이 세계 최초로 금속활자를 발명했다는 사실을 인정하기 꺼려했는지 이해할 수 있다. 서양인, 특히 독일인의 입장에서 볼 때 그들은 자신들이 금속활자의 최초 발명자라는 엄청난 명예를 빼앗기고 싶지 않았을 것이다. 게다가 동쪽 끝에 있는 별 볼 일 없는 작은 나라로 생각되는 한국에게는 더 더욱이 이 영예를 빼앗기기 싫었을 것이다. 나는 유럽인들이 얼마나 동양인들을 낮추어 보는지 잘 알고 있다. 그들은 남들 눈이 두려워 동양인을 까놓고 무시하지 않지만 그들의 어조와 행동에는 항상 은근한 백인월주의가 스며들어 있다. 그런 그들인데 난데없이 한국이라는 세계는커녕 동양에서도 별로 인정받지 못하는 국가가 나타나 자신이 금속활자를 세계 최초로 만들었다고 하니 용인할 수 없었을 것이다.

한국인들이 이러한 현실을 뒤엎을 수 있었던 것은 모두 박병선 박사 덕분이라고 했다. 그런데 그가 이 책을 발견하고 무진 노력을 기울여 이 책이 가장 오래된 금속활자 인쇄본이라는 것을 증명하는 과정에서 그는 한국 정부는 물론이고 어느 누구에게서도 제대로 된 도움을 받은 적이 없다. 이에 대한 이야기는 뒤에서 자세히 다룬다. 이 과정을 읽어본다면 독자 여러분들은 이 분이야말로 진정한 문화 영웅이라고 인정하는 데에 주저하지 않을 것이다.

그런데 정작 후손들은 이 같은 영웅 중의 영웅을 자국 국민들에게 제대로 소개하고 있지 않으니 말이 안 되는 것이다. 이런 것을 두고 언어도단이라고 하지 않으면 언어도단이라는 단어를 쓸 데가 없을 것이다. 학계에서 이런 귀중한 사실을 정리해 알려주지 않으면 한국인들은 도대체 어디에서 이런 영웅에 대한 정보를 접할 수 있을까?

III
또 하나의 혁혁한 공

박병선 박사는 이처럼 직지와 관련된 공로만 가지고도 문화 영웅이라 할 수 있다. 그런데 그는 또 임금만이 볼 수 있는 어람용 의궤를 프랑스 국립도서관에서 발견했을 뿐만 아니라 그 책이 한국에 반환되는 데에 혁혁한 공을 세웠다.

애초에 박병선 박사는 병인양요 때 약탈당한 외규장각 서책을 찾으려고 프랑스 국립도서관을 뒤지기 시작했다. 직지를 찾으려고 한 것이 아니었다는 말이다. 그가 외규장각에 있던 책을 찾았던 이유는 은사 가운데 한 분이었던 이병도 교수가 부탁했기 때문이다. 당시 한국 학자들 사이에는 1866년에 있었던 병인양요 때 프랑스 군대가 강화도에 있었던 외규장각에서 약탈해 간 서책들이 프랑스에 있다는 사실이 공공연하게 퍼져 있었다. 이병도 교수는 이것을 찾아보라고 박 박사에게 부탁한 것이다.

그는 그 책들을 찾다가 직지를 덤으로 발견한 것이다. 사실 박 박사도 직지가 프랑스 국립도서관에 있으리라고는 꿈에도 생각하지 못했을 것이다. 그러나 우연찮게 찾은 직지는 세계사를 바꾼 엄청난 책이 되었다.

직지의 가치는 재론할 필요가 없지만 박 박사가 수십 년 간의 노력 끝에 찾아낸 의궤 역시 대단히 값진 책이다. 물론 당시 국내에도 의궤가 있었다. 그런데 국내에 있던 의궤는 조선의 관리들이 보던 의궤(분상용의궤) 뿐이었다. 강화도 외규장각에 있던 왕만이 볼 수 있는 어람용 의궤는 1866년 병인양요 때 프랑스 해군이 약탈해 갔기 때문이다. 박 박사는 프랑스 국립도서관에서 바로 이 어람용 의궤를 발견해 마침내 약탈당한 외규장각 서책 찾기라는 필업을 이룬 것이다.

그의 업적은 의궤를 발견하는 데에서 한 발 더 나아갔다. 그는 의궤를 정리하기 위해 홀로 10년 이상의 시간을 들였고 이 책이 한국으로 돌아갈 수 있도록 엄청난 노력을 기울였기 때문이다. 처음에는 한국 정부조차 박 박사의 이러한 노력을 폄하했는데 그가 끈질기게 요구해 반환을 성사시킬 수 있었다.

이처럼 박병선 박사는 진정한 문화 영웅이다. 그런데 이런 분을 자세하게 소개하고 알리는 단행본이 없다니 안타깝기 짝이 없었다. 나는 이런 배경에서 책을 집필하기로 마음먹었다. 그런데 박 박사를 본격적으로 소개하기 전에 이야기하고 싶은 것이 있다.

IV
또 다른 문화 영웅들과 함께

잘 알려진 대로 직지와 의궤는 각각 2001년과 2007년에 유네스코 세계기록유산에 등재되었다. 그런데 세계기록유산 목록에는 다른 한국의 서책들도 등재되어 있다. 한국은 2021년 현재 16개의 서책이 등재되어 있는데 이 가운데 직지나 의궤와 비슷한 운명을 지닌 책들이 있다. 절멸될 위기에 빠졌다가 절세의 영웅이 나타나 보존될 수 있었던 서책 말이다. 『고려대장경』, 『훈민정음 해례본』, 『조선왕조실록』이 바로 그것이다.

이 책들이 우리의 손에 들어오게 된 데에는 박 박사와 같은 또 다른 문화 영웅들의 헌신적인 노력이 있었기에 가능했다. 따라서 박병선 박사가 발견한 직지와 의궤를 본격적으로 조명하기에 앞서 혼신을 다해 이 세종류의 책을 구해 우리에게 전해준 영웅들에 대해 간단하게나마 소개하려고 한다.

물론 이분들에 대해서도 단행본으로 간행하는 것이 최선의 일일 것이다. 그러나 그게 언제일지 기약조차 할 수 없으니 우선 이 책에서 그 사정에 대해 주마간산하듯이 간단하게나마 보았으면 한다. 이 설명을 읽어보면, 독자 여러분들 역시 이 분들이 얼마나 훌륭한 분이었는지 절감할 수 있을 것이다. 그리고 이 나라가 이런 분들 덕에 오늘날과 같은 발전과 위상을 이루었다는 사실도 새삼스레 느낄 것이다.

1부

문화 영웅 박병선을
만나기에 앞서

세계 4위, 아시아 1위
우뚝 선 한국의 세계기록유산

2021년 현재 유네스코 선정 세계기록유산에는 한국의 것이 16개나 들어가 있다고 했다. 그런데 이렇게 등재 유산 개수로만 보면 이것이 얼마나 대단한 기록인지 잘 모를 수 있다. 그러나 다른 나라와 비교해보면 금세 이 숫자만으로도 한국의 문화적 위상을 쉽게 알 수 있다.

순위로 보면 한국은 세계기록유산의 보유국 가운데 세계 4위이다. 잘 알려진 것처럼 기록유산은 문화와 직결되는 것이다. 따라서 이런 유산이 많은 나라일수록 문화가 뛰어난 나라라고 할 수 있다. 한국은 유네스코에 등재된 기록유산의 개수가 16개나 되니 이 규모만 가지고도 과거에 문화 강국이었음을 알 수 있다.

현재 전 세계에는 약 250개 정도의 국가가 있는데 그 가운데 4번째라고 하니 얼마나 대단한 것인가? 백분율로 따지만 상위 0.2% 안에 들어가는 것이니 상위권도 이런 상위권이 없다.

국격과 문화적 위상이 높아지는 일

그런데 이 기록은 아시아권으로 오면 더 대단해진다. 부동의 1위이기 때문이다. 4대 문명 가운데 하나였던 중국마저 제쳤다. 이런 설명을 하면 사람들은 믿기지 않는 표정을 짓는다. 한국은 문화적으로 중국의 절대적인 영향 속에 있었는데 어떻게 중국을 제칠 수 있을까 하는 의구심이 들어서 그럴 것이다. 그러나 이것은 사실이다. 사실 중국은 한국과는 비교도 안 되게 많은 기록유산을 갖고 있었다. 그런데 중국은 과거 왕조는 말할 것도 없고 지난 백여 년 동안 많은 전쟁과 혼란을 겪었다. 특히 중국은 공산주의 정권이 들어서고 과거 문화를 부정하고 파괴하는 정책을 쓰면서 그 많은 서책들이 자취를 감췄다. 그러는 바람에 기록유산이 될 만한 것들이 없어진 것이다. 만일 중국이 그 풍부한 기록 유산을 모두 보존했다면 여타 나라들은 중국에게 상대가 되지 않았을지도 모른다.

그렇다면 이 세계기록유산이란 것이 대관절 무엇일까? 이는 책이 중심이 된 기록물을 말하는데 너무나 귀중해서 세계가 나서서 보호해야 하는 것을 말한다. 국적에 관계없이 인류가 함께 보호해야 하는 기록물인 것이다. 이 기록물들이 얼마나 귀중한 것인가를 알려면 한국의 세계기록유산 목록만 보아도 된다. 즉 『훈민정음 해례본』, 『조선왕조실록』, 『고려대장경』, 그리고 이 책에서 상세하게 보게 될 『직지심체요절』이나 『조선왕조의궤』 등과 같이 전 세계에서 유일한 책 혹은 기록물들이 그 주인공이니 이 책 혹은 기록물들이 얼마나 귀중한 유산인지 알 수 있다. 세계에서 유일한 서물(書物)들인 것이다. 그래서 유네스코라는 기관에서 세계기록유산이라는 항목을 별도로 만들어 이들을 철저하게 보호하고 보존하는데 힘쓰는 것이다.

그런데 많은 사람들은 이 서책들이 세계기록유산에 선정되는 과정을 잘 모르는 것 같다. 이 목록에 등재되려면 매우 까다로운 심사 절차를 거쳐야 한다. 각국에서 신청한 기록유산들은 대단히 엄정한 심사를 받는다. 해당 국가들은 심사 서류를 제출하기 위해 많은 준비를 해야 하는 것은 물론이다. 심사위원회는 2년마다 열리는데 특히 마지막 선정 회의에서 심사위원 전원이 찬성을 해야 명실 공히 세계기록유산으로 등재된다. 그러니 세계기록유산으로 뽑힌다는 게 얼마나 어려운 일인가?

이런 이야기를 하면 어떤 이는 '공연히 한국에서만 정부를 선전하려고 등재에 열을 올리는 것 아니냐'고 힐난하기도 한다. 이것은 참으로 어이없는 발언이다. 자국의 기록 유산을 세계기록유산의 등재 목록에 올리는 것은 그 국가로서는 명예로운 일이라 세계의 모든 국가들이 열을 올려가며 이 일에 몰두한다. 국격이 달라지는 일이기 때문이다. 그 나라의 문화적 위상이 높아지는 일이라는 말이다.

그런 까닭에 나는 강연할 때마다 이 유네스코에 등재된 한국의 세계기록유산들은 한국이 얼마나 문화적인 국가였는지를 알려주는 객관적인 훌륭한 자료라고 힘주어 말하곤 한다. 나아가 오늘날 한국이 IT강국으로서 맹위를 떨치고 있는 것은 결코 기적이 아니라 과거의 이런 기록유산이 있었기에 가능한 일이라고 애써 주장한다. 조상들이 일구어 전해준 세계기록유산, 즉 책이나 인쇄문화 등은 곧 과거의 IT라고 할 수 있기 때문이다. 이처럼 한국은 원래부터 IT 강국이었다.

문(文)의 나라 조선, 문화 강국 한국

그런데 한국이 보유하고 있는 16개나 되는 세계기록유산 가운데 조선 것이 11개나 된다. 이 사실을 통해 보면 한국이 세계기록유산 행렬에서 부동의 선두 자리를 차지할 수 있는 데에는 조선의 공이 지대함을 알 수 있다. 이것은 조선이 무엇보다도 문(文)이라는 상위 문화에 많은 투자를 했다는 사실을 의미한다. 그들은 학문을 대단히 중시했다. 흥미로운 점은 조선이 얼마나 문을 중시했는가는 우리의 일상만 보아도 쉽게 알 수 있다는 것이다. 한국의 과거 역사를 생각할 때 많은 경우 우리에게는 선비의 이미지가 강하고 친숙하게 들어온다. 오죽하면 지폐에도 퇴계나 율곡 같은 조선의 학자 이미지가 들어가 있을까?

한국인들은 이런 이미지에 너무나 익숙한 나머지 이 일이 어떤 의미를 갖는지 잘 모르는 것 같다. 독자들의 이해를 돕기 위해 이웃 나라인 일본의 예를 들어보자. 일본인들이 과거 역사를 생각할 때 가장 먼저 떠오르는 이미지가 무엇일까? 말할 것도 없이 무(武)를 숭상하는 사무라이 이미지일 것이다. 그들에게는 과거 조상들에게서 문을 대표하는 학자의 이미지는 거의 떠오르지 않을 것이다. 그런 까닭에 그들이 즐겨 보는 TV 드라마나 영화도 사무라이들이 주인공으로 나오는 경우가 태반이다. 이것은 일본인들이 가장 사랑하는 사극이 "충신장(忠臣藏)"이라는 사무라이들의 복수극이라는 사실을 알면 쉽게 알 수 있다. 이 이야기는 선호도 면에서 한국으로 치면 '춘향전' 같은 것에 해당한다. 춘향전은 시대를 달리하면서 많은 영화와 드라마로 만들어졌다. 뿐만 아니라 한국인들은 그 스토리를 다 알면서도 판소리 춘향가를 들을 때면 매번 안타까워하고 눈물짓고 좋아한다. 이와 마찬가지로 일본인들은 '충신장'을 보면서 같은 태도를 보인다.

그래서 그런지 외부자의 입장에서 보면 흡사 일본인들은 과거에 칼을 들고 싸움만 한 것 같은 느낌이 든다. 그 자연스러운 영향으로 생각되는데 과거의 일본인들은 문이나 책 등에는 크게 관심을 두지 않았던 같다. 그래서 일본이 지닌 세계기록유산은 일곱 개밖에 안 되는 형국이 된 것일 게다.[1] 물론 일곱 개도 적은 수는 아니다. 그러나 일본은 2010년까지

---

1) 이 가운데 하나인 '조선통신사 기록물'은 한국과 공동 등재했다.

는 놀랍게도 세계기록유산이 단 한 건도 없었다. 그들은 최근 10년 동안 등재에 열을 올려 2021년 현재 일곱 개까지 그 실적을 쌓은 것이다. 그러나 다른 것은 몰라도 기록유산의 관점에서 보면 일본은 한국의 상대가 되지 않는다.

내가 이런 이야기를 장황하게 하는 것은 한국이 이렇게 오늘날 문화 국가가 될 수 있었던 데에는 조선의 공이 컸다는 것을 밝히려 함이다. 그런데 2019년 즈음해서 일부 한국인들이 조선을 폄하한 적이 있었다. 당시 한동안 유행했던 '헬조선'이라는 단어를 보면 그 사정을 이해할 수 있을 것이다. 물론 조선을 비하하는 그들의 심정을 이해할 수는 있다. 나도 조선을 비판할라치면 결코 남에게 뒤지지 않는다. 그러나 조선을 좀 더 전체적으로 알면 결코 비판만 할 수 없을 것이다. 그 이유는 방금 전에 설명한 대로다. 조선 덕에 현대 한국이 문화 국가 대접을 받게 되었으니 말이다. 이 사정을 알게 되었다면 우리들은 외려 조선에게 감사해야 할 것이다.[2]

손에 땀을 쥐고 가슴을 쓸어내리며

우리가 과거의 유산을 말할 때 그 유산 자체와 함께 반드시 검토해야 할 것은 그 유산이 어떻게 해서 우리의 손에 들어오게 됐는지 그 과정을 살펴보는 일일 것이다. 과거에 조상들이 아무리 많은 유산을 남겨 주었어도 그것을 제대로 보존하지 않았다면 그 유산은 현재 아무런 의미가 없다. 소멸된 것이 무슨 의미를 가질 수 있겠는가? 우리가 이제 볼 유산들은 종이로 만든 책이나 나무로 만든 목판이기에 불에 타거나 유실될

---

2) 사실 조선은 한글을 발명한 것 하나만으로도 칭송을 받아야 하는 왕조다.

가능성이 매우 크다. 종이나 나무는 그저 불을 한 번만 그어대도 홀랑 타 버리기 때문이다.

그래서 그런 가연성(可燃性) 높은 유산들이 지금까지 전해졌다는 것은 엄청난 일이다. 이것은 그 유산들을 보존하려고 무진 애를 쓴 사람이 있었다는 사실을 말해준다. 그런 분들의 노력이 아니었다면 이 유산들이 지금 우리의 손에 전달되는 일은 애당초 불가능한 일이었다.

그런데 이 유산들은 그냥 그렇고 그런 유산이 아니라 유네스코라는 세계적인 기관이 보존하는 유산이다. 한국에서만 통용되는 것이 아니라 범인류적인 유산이라는 것이다. 그러니 이것을 보존해 우리들에게 전달한 분들은 정말로 대단한 분들이 아닐 수 없다.

이제 우리는 한국의 세계기록유산을 구한 영웅들의 활약상에 대해 볼 것이다. 앞에서 언급한 대로 『고려대장경』과 『훈민정음 해례본』, 그리고 『조선왕조실록』에 대해 볼 터인데 대장경이 시대적으로 가장 앞선 유산이니 이를 구한 영웅부터 소개하기로 한다.

대장경이 살아남게 되는 과정을 보면 어떤 때는 손에 땀을 쥐게 하고 어떤 때는 안도의 마음이 생기기도 하고 마지막에 6.25 때 폭격을 피해 살아남을 때는 가슴을 쓸어내리게 된다. 그 전 과정이 하도 드라마틱해서 실제 이야기가 아닌 것처럼 들리기까지 하다.

그러면 지금부터 우리의 영웅들 덕분에 허구보다 더 허구 같은 과정을 거쳐 살아남은 『고려대장경』, 『훈민정음 해례본』, 그리고 『조선왕조실록』에 대해 보기로 하자.

김영환 대령
6.25 전쟁에서 『고려대장경』을 구하다

첫 번째 주인공은 『고려대장경』(이하 대장경)이다. 이 유물은 다른 기록 유산보다 더 극적인 예라고 할 수 있다. 내가 극적이라고 표현한 것은 이 목판이 기적적으로 보존되었기 때문이다. 그런데 이런 기적 같은 일이 일어난 것을 정작 한국인들이 잘 모르고 있으니 더 극적이라 할 수 있지 않을까 싶다. 우리가 별 관심을 보이지 않았는데도 대장경이 보존되었으니 말이다.

800세의 현역, 기적의 목판 『고려대장경』

나는 대장경에 대해 강의할 때마다 한국인들이 이런 유물에 대해 너무나 무심하다고 토로하곤 한다. 물론 한국인들도 대장경이 해인사에 보관되어 있다는 정도는 안다. 그러나 관심은 거기까지다. 이 유물이 해인사에 보관되어 있다고 하니 사람들은 그냥 그러려니 하고 더 이상의 의문을 품지 않는다. 그런데 대장경이 지금까지 보존된 것은 거의 기적에 가까운 일이라는 것을 잊어서는 안 된다. 이것은 한 번만 더 생각해보면 쉽게 알 수 있는데 한국인들은 무심해서인지 더 이상 관심을 갖지 않는다.

대장경은, 아니 정확하게 말하면 대장경판은 누구나 아는 것처럼 나무

1-합천 해인사 대장경판 (문화재청 보도자료)

로 만들어져 있다. 나무는 불에 아주 취약하다. 불에 닿으면 타버리기 때문이다. 그런데 대장경은 무려 약 800년 전에 만들어진 것이 아닌가? 그럼에도 불구하고 아직도 보존되어 있고 여전히 현역으로서 활동이 가능하니 기적이라는 것이다. 다른 유물들을 돌아보면 대장경의 보존이 왜 기적인지를 쉽게 알 수 있다. 더 구체적으로 말해 나무로 만들어진 유산 가운데 대장경처럼 800년이 된 것이 있을까? 아무리 생각해봐도 잘 떠오르지 않는다. 굳이 예를 들자면 천마총에서 발견된 '천마도' 정도가 있을 것 같은데 자작나무로 만들어진 이 그림판은 분명 대장경보다 오래된 것이다. 그러나 이 유물은 보존하기가 너무 어려워 박물관의 수장고에만 있을 뿐 실물이 공개되는 일은 거의 없다.

나무로 된 이런 유물과 비교해보면 대장경은 차원이 다르다. 대장경판은 천마도처럼 단품이 아니라 8만 개가 넘는 나무 판으로 되어 있으니

2-합천 해인사 장경판전

말이다. 이는 엄청난 양인데 이렇게 엄청난 유산이 온전하게 남아 있으니 이게 기적이 아니면 무엇이 기적이겠는가? 과문한 탓에 다른 나라의 경우를 다 접한 것은 아니지만 나무로 만들어진 유물 가운데 이렇게 많은 양이 이토록 오랫동안 보존된 유물이 또 있을지 심히 의심된다.

지금 우리에게 남아 있는 대장경은 고려가 두 번째로 만든 대장경(1251년 완성)이다. 이보다 먼저 만들어진 대장경(초조대장경)은 안타깝게도 1232년에 몽골군이 고려를 침입했을 때 전소되어버렸다. 당시 이 대장경은 대구 팔공산에 있는 부인사(符仁寺)에 보관되어 있었는데 몽골군이 이 절에 불을 질러 태워버린 것이다. 나무의 운명이란 이런 것이다. 불을 한 번 지르면 그냥 타버려서 흔적도 없이 사라져버린다. 만들 때에는 그리 힘들게 만들었는데 불만 갖다 대면 한 순간에 잿더미가 되고 마는 것이다.

3-해인사 대장경판

그런데 고려가 두 번째로 만든 대장경은 약 800년 동안 그 무서운 불을 모두 피해 살아남았다. 그러니 이 일이 기적이 아니면 무엇이 기적이겠는가? 대장경이 그동안 맞이했던 위기가 불에 의해서만 촉발된 것은 아니다. 이 대장경이 지금까지 전해지는 과정에 큰 위기가 여러 번 있었는데 그것이 모두 화재 때문만은 아니라는 말이다.

대장경이 겪은 위기를 세어보면 대체로 네 번 정도 있었던 것을 알 수 있다. 이에 대해서는 내가 다른 책[3]에서 어느 정도 밝혀 놓았는데 이 가운데 화재로 전소될 위기에 처했던 것은 두 번째와 네 번째 위기였다. 전자는 임진왜란 때 왜군에 의해 전소될 뻔했던 위기를 말하고 후자는 6.25 전쟁 때 폭격으로 잿더미가 될 뻔했던 위기를 말한다.

여기에서는 이 두 위기에 대해서 보다 자세히 보려 한다. 많은 사람들이 대장경이 겪은 이 두 위기에 대해 잘 모르고 있기 때문이다. 그 중에서도 두 번째 위기, 즉 임진왜란 때 대장경이 어떻게 천신만고 끝에 살아남았는지에 대해서는 더욱 감감하다. 그러면 대장경이 겪은 주요 위기의 순간들을 차례로 살펴보기로 하자.

3) 최준식(2013), 『한국의 문기』, 소나무.

세종 대, 동아시아 최고 보물의 일본 반출을 막은 신하들

대장경판과 관계해서 우리가 꼭 집고 넘어갈 것이 있다. 그것은 일본 정부가 진즉부터 이 대장경판을 노리고 있었다는 사실이다. 조선시대 당시 일본의 막부 실력자들은 대장경과 같은 당대 최고의 문화물을 자신들의 손에 넣고 싶어 했다. 그들은 조선이 갖고 있는 대장경을 입수해서 그것을 정치적 목적으로 쓸 요량이었다. 당시 동아시아에서 최고의 보물이었던 대장경판을 큰 사찰에 선물로 하사하면 그 사찰들에게 더 큰 영향력을 행사할 수 있을 것이라고 생각한 듯하다. 이것은 도요토미 히데요시 같은 사람이 조선 막사발을 수집해서 밑에 있는 영주들에게 하사함으로써 그들을 회유한 것과 같은 맥락에서 이해할 수 있을 것이다.[4]

그런데 당시 일본 정부는 자신들의 실력만으로는 이런 고품격의 문화물을 만들 수 없었다. 그래서 그들은 조선 정부에게 경판을 달라고 온갖 수를 써가며 흥정을 하거나 떼를 쓰는 수밖에 없었다. 일본 정부는 조선을 향해 때로는 위협을, 때로는 회유하면서 경판을 달라고 졸라댔다.

조선 초에 일본 정부는 수십 차례나 사신을 보내 조선 정부에게 대장경을 달라고 떼를 썼다. 이에 대해 재미있는 이야기가 많다. 그 가운데 한둘만 소개해보면, 세종 때에 일본 정부의 명을 받은 사신이 와서 대장경을 달라고 하자 국무회의가 열렸다. 이때 세종은 대장경을 그냥 줘버리자는 쪽으로 자신의 의견을 피력했다. 이것은 당시 세종이 불교를 그리 탐탁하게 생각하지 않아서 생긴 일 같다. 이에 대해 대신들이 반대하고 나섰는데 그들의 반대 이유가 흥미롭다. 일본 사신이 해달라는 대로 해주면 나중에 그들이 과한 요구를 하면 어떻게 하겠느냐면서 반대한 것이

---

4) 같은 일은 현대에서도 벌어지고 있다. 북한이 그 대표적인 예인데 북한의 독재자들은 벤츠나 고가의 시계 같은 귀중품을 다량 구입해 부하들에게 하사함으로써 그들의 충성심을 이끌어내고 있다.

다. 다행히 신하들의 요구가 받아들여져 대장경은 반출될 위기를 모면한다.

또 같은 세종 대에 조선에 온 어떤 일본 사신은 대장경을 주지 않으면 조선에서 죽겠다고 하면서 단식을 시도한 적이 있었다. 그는 아마 일본을 떠나기 전에 상전에게 조선에 가서 대장경을 가져오지 못하면 차라리 죽겠다고 엄포를 놓고 왔던 모양이다. 그래서 조선에 와서 이렇게 매우 세게 나온 것이리라. 조선 정부에서는 경판은 주지 않았지만 그 사신을 달래느라 대장경의 인쇄본 등을 소량 주어서 그들을 일본으로 돌려보냈다는 이야기는 유명하다.

재미있는 에피소드가 더 있지만 이 자리의 주인공은 대장경을 지킨 영웅들이니 이에 대한 설명은 여기서 그치기로 하자. 앞에서 말한 것처럼 이 세종대의 일들이 바로 대장경이 유실될 뻔 했던 첫 번째 위기에 해당된다. 만일 조선 정부가 일본과 흥정을 해 대장경을 양도했다면 이 유산은 진즉에 사라져버렸을지도 모른다.

임진왜란 때, 승병과 의병의 활약

임진왜란은 한국의 전통 유산, 특히 목재와 관련된 유산에게 최악의 결과를 가져왔다. 이 전쟁 때문에 한반도 전역에 산재되어 있는 나무로 만든 유산 가운데 남아 난 것이 거의 없는 상황이 되었기 때문이다. 특히 전통 목조 건축은 몇 십 채만 남은 채 모조리 타고 말았다. 왜군들이 모두 불을 지른 것이다.[5]

그런 까닭에 한국 건축을 전공하는 사람들은 매우 난감해한다. 임란 전

---

5) 이 전란에서 살아남았던 목조 건물은 왜군이 해당 지역을 지나가지 않았기 때문에 보존될 수 있었다. 그 대표적인 것으로 부석사의 '무량수전'을 들 수 있다.

의 건축물이 너무나 없기 때문이다. 건축은 우리의 주제가 아니니 넘어
가기로 하는데 우리의 주인공인 대장경판의 운명도 이 건축물들과 그리
다르지 않을 뻔했다. 조선 초부터 우리 대장경에 눈독을 들이고 있던 일
본 정부가 임진년(1592년)에 조선을 침략하면서 이 대장경을 그냥 놓아두
었겠는가?

혹자는 임진란을 도자기 전쟁이라고 부르는데 이것은 일리 있는 의견
이다. 일본 정부가 조선을 향해 전쟁을 시작했을 때 그들은 이미 조선의
도공들을 붙잡아 올 생각을 하고 있었다. 당시 조선은 도자기 제작에 관
한 한 일본을 크게 앞서고 있었기 때문에 일본 정부는 이 도공들을 붙잡
아다가 선진 기술을 배우려고 했던 것이다. 당시 일본은 도자기 중 가장
고품격에 해당되는 자기를 만드는 기술을 갖고 있지 않았다. 참고로 이
는 중국과 한국 양국이 세계에서 유이(唯二)하게 600년 간 보유했던 고
도의 기술이다.

일본인들이 원천적으로 자기를 만들 수 없었던 것은 자기의 원료인 고
령토를 발견하지 못했기 때문이었다. 일본 땅에서 이 고령토를 최초로
발견한 사람은 바로 임진란 때 포로로 붙잡혀 간 조선 도공, 이삼평이었
다. 이삼평 덕분에 일본인들은 자기를 만들 수 있었고 그 덕분에 일본의
도자기 제조술은 끊임없이 발전해 나중에는 중국의 수준에 버금가는 수
준에 이른다. 조선의 도자기 제조술에 눈독을 들인 일본 정부는 조선에
서 도자기를 만드는 장인들을 붙잡아서 본국으로 보내는 역할을 담당한
부대도 창설했다고 한다.

사정이 이렇다면 그들이 세계의 보물이라 할 수 있는 해인사의 대
장경을 가만히 놓아두었을 리가 없지 않겠는가? 게다가 앞에서 본 것
처럼 대장경은 조선 초부터 끊임없이 일본 정부의 목표물이었다. 전

쟁을 할 때 군대가 중점 두는 사안 중에 하나는 적국을 약탈하는 것이다. 이때 엄청나게 많은 부를 챙길 수 있기 때문이다. 전쟁은 이 약탈 때문에 일으킨다고 해도 무리가 아닐 정도로 군대들은 약탈을 즐긴다. 그런 전쟁을 조선에서 벌이고 있는데 일본군이 해인사의 대장경을 그냥 지나칠 리가 없다. 마침내 이 대장경을 포획하기 위해 왜군이 해인사로 향했다. 그런데 한국인들에게는 이 사실부터 잘 알려져 있지 않다. 그래서인지 한국인들은 임진왜란이 끝난 다음에도 대장경이 무사한 사실에 대해 별 의심이나 감흥을 갖지 않는다.

만일 상식적인 사고를 하는 사람이라면 이에 대해 다음과 같은 질문을 해야 한다. 전국이 일본군에 의해 쑥대밭이 되었는데 어떻게 대장경이 무사했을까 하고 말이다. 답은 간단하다. 이것은 승병과 의병이 해인사를 방어했기 때문이다. 경상도 일대에서 일어난 의병들과 해인사 승병들이 합심해서 일본군을 막아냈기 때문에 대장경이 화를 면한 것이다. 만약 이들의 활약이 없었다면 대장경판은 일본으로 실려 갔던지 아니면 전소됐던지 두 경우 중에 하나가 되었을 것이다.

당시 해인사 승병은 소암(昭岩)대사가 이끌었다고 하는데 이 스님은 매우 용맹한 분이었던 모양이다. 소암이 이끄는 승병들은 당시 세계 최강의 군대였던 일본군을 맞이해 해인사로 가는 고개에서 그들을 격퇴했다고 전해지고 있다. 그래서 이 고개의 이름이 왜구치(倭寇峙)가 되었다는 설이 있다.

해인사의 승려들이 자신의 목숨을 내놓고 싸워서 세계의 유산을 구한 것이다. 그런데 정규 군대가 아닌 승병이 당시 세계 최강이었던 일본군을 어떻게 무찌를 수 있었는지 놀랍기만 하다. 아마도 승병들은 그 지역의 지형을 잘 알고 있었고 나름대로 조직이 잘 되어 있었으며 목숨을 내

걸고 싸웠기 때문에 이런 일이 가능하지 않았나 싶다.

어떻든 이렇게 해서 대장경은 이 승병들 덕에 살아남았는데 이 사실을 아는 한국인은 별로 없다. 이 사실을 알려주는 서책이나 문헌도 찾기 힘들다. 또 연구도 제대로 되어 있지 않다. 사정이 이러하니 국사 교과서에 이들의 이야기가 실릴 리 만무하다. 그러나 고려대장경은 세계적인 문화재가 아닌가? 그런 보물이 이렇게 기적적으로 보전되었다면 그것을 적극적으로 국민들에게 알려야 하지 않을까?

이런 생각을 해보지만 앞에서 말한 것처럼 대부분의 한국인들은 그냥 '대장경판이 해인사에 있구나' 하는 정도로만 여길 뿐 더 이상 의문을 가지지 않는다. 당시 대장경을 지킨 승려들 가운데에는 일본군에게 죽임을 당한 사람도 많이 있었을 터인데 그들을 추모하는 탑 같은 것도 없다. 그들은 박병선 박사처럼 한국, 아니 세계의 문화유산을 지킨 영웅들인데 후손들이 너무 무심한 것 같아 안타까울 뿐이다.

대장경 보존국장이 전한 해인사의 숱한 화마 이야기

이제 대장경을 마지막으로 지킨 우리의 주인공, 김영환 대령의 이야기로 넘어갈 차례인데 그 전에 언급할 것이 있다. 이것은 일반적으로는 거의 알려지지 않은 사실이지만 대장경의 보존과 관련된 중요한 사안이라 소개했으면 한다. 나는 이 이야기를 2014년 4월 26일 해인사에 답사 갔을 때 만난, 당시에 팔만대장경 보존국장이었던 성안 스님에게서 직접 들었다.[6] 이런 이야기는 외부에는 별로 알려지지 않은, 내부에 있는 사람만 아는 매우 귀중한 정보라고 할 수 있다.

---

6) 그는 바로 이 다음날(4월 27일) 교통사고를 당해 유명을 달리했다.

성안 스님에 따르면 정말로 신기한 것은 그동안 해인사에는 수많은 화재가 있었는데 대장경을 보존하고 있는 이 장경각만은 화마를 피해갔다는 것이다. 숙종 때부터 고종 때까지만 해도 일곱 번의 화재가 있었다고 하는데 이 많은 화재를 겪으면서도 장경각과 그 안에 있던 대장경은 살아남은 것이다.

보통 궁궐이나 사찰처럼 목조로만 되어 있는 건축물들은 화재가 나면 전소되기 일쑤다. 건물들이 다닥다닥 붙어 있어 불길이 쉽게 번지기 때문이다. 게다가 전근대 사회였으니 불이 났을 때 효과적으로 대응할 만한 대책도 갖고 있지 않았다. 할 수 있는 일이라고는 물을 뿌리는 것밖에 없었을 터인데 그것으로 큰 불 끄기는 역부족이었을 것이다. 이런 현실을 감안할 때 그 숱한 화재 중에서도 장경각과 대장경이 화마에 스러지지 않은 것은 기적에 가까운 일이라 하겠다.

절은 다른 목조 건물들과는 달리 향이나 촛불처럼 항상 불에 노출되어 있어 화재에 매우 취약하다. 그래서 해인사에 이렇게 많은 불이 났을 것이고 그 까닭에 해인사에는 장경각을 제외하고 오래된 건물이 별로 없다. 그런 가운데에서 장경각과 대장경이 보존되었으니 이것은 해인사 측에서 주장하는 것처럼 부처님의 가피력 덕이라고 해도 할 말이 없다. 다른 여건으로는 설명할 수 없기 때문이다.

그 화재 중에 가장 위험했던 것은 1800년대 초에 있었던 대적광전 화재였다고 한다. 대적광전은 해인사의 대웅전 역할을 하는 건물인데 현재 있는 것은 1817년에 세워진 것이다. 그러니까 이 불은 1817년 이전에 난 것이 된다. 원래 이 대적광전은 2층 건물이었는데 화재 뒤 다시 지을 때 지금처럼 1층으로 지었다. 해인사 평면도를 보면 대적광전과 장경각은 담 하나만을 사이에 둔, 매우 가까운 거리에 있는 것을 알 수 있다. 그

4-합천 해인사 장경판전

거리가 20~30m밖에 되지 않는다. 따라서 대적광전이 불에 타면 그 불은 자연스레 뒤의 장경각에 붙기 십상이다. 불에 타고 있는 기와 같은 것이 날아가 옆 건물에 불을 붙이기 때문이다.

그런데 당시 화재 때 대적광전의 불이 장경각까지 번지지 않았다고 한다. 있을 수 없는 일이 벌어진 것이다. 어떻게 그런 일이 가능했느냐고 성안 스님에게 물어보니 그것은 자신도 모르겠단다. 대장경 보존국장이 모르면 누가 알 수 있겠는가? 아마 당시 해인사에 거주했던 스님들이 대장경을 지키기 위해 모종의 노력을 하지 않았을까 하는 생각이 드는데 확실한 것은 알려진 것이 없다. 해인사의 대장경은 이처럼 수많은 위기를 뚫고 살아남았다.

이제 앞서 예고했던 마지막 위기가 기다리고 있으니 그것을 보도록 하

5-해인사 장경판전 내부 (문화재청 보도자료)

자.[7]

6.25 전쟁 때, 김영환 대령의 목숨을 건 드라마

대장경이 겪은 마지막 위기는 1950년에 일어난 6.25 전쟁 때에 찾아왔다. 이때에도 우리의 대장경이 전소될 뻔했는데 또 한 명의 문화 영웅이 나타나 대장경을 지켜냈다. 잘 알려진 것처럼 그 주인공은 김영환 대령이다. 김 대령은 1948년에 한국 공군이 창설될 때 주요한 역할을 한 7명 가운데 한 사람이었다고 하니 그가 한국 공군에서 얼마나 중요한 사람이었는가를 알 수 있다(그의 형인 김정렬 씨는 국방부 장관까지 지낸 사람이다).

7) 이 마지막 위기 전에 또 하나의 작은 위기가 있었다. 일제기에 초대총독을 지낸 테라우치라는 자가 이 대장경을 일본으로 반출하려고 한 것이 그것이다. 그런데 다행히도 그의 무모한 시도는 무산되었다. 대장경의 양이 하도 많아 그것을 감당하지 못해 포기한 것이라고 알려져 있다. 대장경은 전체 무게가 약 280톤 정도라고 한다. 운반하려면 1톤 트럭 280대가 필요하다.

6-전투기 조종석의 김영환 대령(공군 사진)

김 대령은 공군에서 빨간 '마후라'를 유행시킨 사람으로도 유명한데 그가 6.25 전쟁 때 조종사로서 활약했던 이야기는 같은 제목으로 신상옥 감독이 영화를 만들기도 했다.[8] 그러나 그는 전쟁이 끝나고 1954년 비행 중 실종되었다. 그게 마지막이었는데 그때 그의 나이가 34살이었으니 참으로 안타깝게 요절한 것이다. 그는 사후에 준장으로 진급되어 죽어서 나마 장군이 되었다. 그나마 위안 삼을 만한 일이라 하겠다.

그가 대장경을 구한 이야기의 내막은 이렇다. 맥아더 장군이 1950년 9월 인천상륙작전을 감행해 성공하자 북으로 가는 퇴로가 막힌 북한군들은 남한에서 독자적으로 전투를 벌일 수밖에 없었다. 그때 그들은 지리

8) 영화 '빨간 마후라'(1964)는 국내에서는 물론 대만을 비롯해 동남아시아에서도 큰 인기를 끌었다. 그런가 하면 같은 제목의 영화 주제가 역시 큰 인기를 끌었다. 대만에서는 이 노래(빨간 마후라)가 공군의 군가 중에 하나로 불릴 정도로 인기가 좋았다고 한다.

산이나 가야산 같은 산 속에서 기거했는데 그들이 거처로 활용한 장소 가운데 하나가 바로 산속에 있는 사찰이었다. 따라서 한국군과 미군은 이 적들을 섬멸하기 위해 사찰들을 없앨 수밖에 없었다.

그런 상황에서 1951년에 해인사를 폭격하라는 명령이 한국 공군에게 떨어졌다. 해인사는 가야산 속 깊은 곳에 있었던 터라 북한군들에게는 아주 좋은 거처였을 것이다.

이때 출격 명령을 받은 비행 편대가 바로 김영환 대령이 이끄는 편대였다. 그는 당시 한국 공군의 유일한 전투비행대인 제10 전투비행전대에 소속되어 있었다. 김 대령의 편대는 4대의 비행기로 구성되어 있었고 그가 몰았던 비행기는 F-51 머스탱(Mustang)이었다.[9] 그는 교양이 매우 높은 분이었던 것 같다. 그래서 추측컨대 그는 그날 출격하면서 해인사는 절대로 폭격하지 않겠다고 마음먹었을 것이다. 해인사에 한민족의 보물이자 세계적인 문화유산인 대장경이 있다는 것을 잘 알고 있었을 터이니 말이다.

김영환 대령의 편대는 당일 해인사를 향해 출격했다. 현장에 다다르자 그곳에 먼저 도착한 미군 정찰기가 해인사 대적광전 앞마당에 연막탄을 떨어뜨렸다. 그곳을 폭격하라는 것이다. 그러나 김영환 대령은 편대원들에게 자신의 지시 없이는 절대로 폭탄을 투하하지 말라는 명령을 내렸다. 대원들은 그 명령을 따를 수밖에 없었다. 그러나 편대장으로서 김영환 대령은 상부의 지시를 마냥 무시할 수는 없었을 것이다. 그래서 그와 그의 편대는 해인사는 그대로 두고 그 주변을 폭격하는 것으로 마무리하

---

9) 이 비행기에는 기내에 각각 500파운드의 폭탄 2개, 5인치 로켓탄 6개, 케리바 50 기관총 6문과 총탄 1,800발이 장비되어 있었고 1번기인 편대장 비행기에는 폭탄 대신 750파운드짜리 네이팜탄이 적재되어 있었다고 한다.

7-비행을 마치고 F-51D 머스탱 전투기 위에서 비행일지를 쓰는 김영환 대령(공군 사진)

고 부대로 돌아왔다.

폭격이 이렇게 끝나자 당일 저녁에 미군사고문단의 미국인 소령이 김 대령의 부대로 왔다. 미군은 당연히 그들의 행보를 명령불복종으로 여겼다. 청문회라도 할 요량이었다. 그는 김영환 대령과 편대 대원을 모아 놓고 그날의 자초지종을 따졌다.

이때 두 사람 사이의 대화는 대강 이렇게 진행되었다. 미군 소령이 김 대령에게 왜 명령을 이행하지 않았냐고 물으면서 '목표물을 알려주는 연막탄의 하얀 연기를 보지 않았냐?'고 다그쳤다. 그러자 김 대령은 '그곳은 사찰이 아닌가?'하고 되묻자 미군 소령은 '사찰이 국가보다 더 중요하다는 말인가?'하고 다시 물었다. 그 질문에 김 대령은 '사찰이 국가보다 중요할 수는 없지만 공비보다는 사찰이 중요하다. 공비는 언제고 잡을 수 있지만 문화재는 한번 소멸되면 복구할 수 없다. 이 해인사에는 한국

8-해인사 가는 길에 세워진 팔만대장경 수호 공적비

인들의 정신적인 지주이자 세계적인 보물인 대장경판이 있다. 이것은 한 번 없어지면 다시 구할 수 없다. 제2차 세계대전 때 프랑스가 파리를 보호하기 위해 독일군에게 파리를 내어준 것이나 제2차 세계대전 때 미군이 일본 문화를 구하기 위해 교토를 폭격 대상에서 제외한 것처럼 나도 우리의 귀중한 문화유산을 구하고 싶었다'고 대차게 대답했다. 그러자 이 미군 소령은 김 대령의 이 같은 식견에 탄복하고 자리에서 일어나 그에게 거수경례를 하면서 다음과 같이 말했다고 한다. '김 대령과 같은 훌륭한 상관을 모신 한국 공군이 부럽다'고 말이다.[10]

---

10) 이것은 당시 김영환 대령과 같이 출격했던 편대원 서상순 씨의 회고를 요약한 것이다. 자세한 것은 다음 사이트를 참고하면 된다. http://www.wolfpack.pe.kr/15(이것 말고도 다른 버전의 이야기도 있는데 중요도 면에서 비중이 작아 생략한다.)

문화 영웅, 이런 분에게 우리가 이래도 될까?

이 이야기를 할 때마다 나는 이때 만일 김영환 대령이 아니고 다른 조종사가 편대장으로 출격했으면 사건이 어떻게 진행됐을까 하는 생각을 해본다. 물론 다른 조종사들도 김영환 대령처럼 행동했을지 모른다. 그러나 전시에 명령을 불복종하는 것은 큰 죄가 될 수 있기 때문에 대부분의 군인들은 상부의 지시를 따를 가능성이 크다.

위의 이야기를 술회했던 편대원(서상순 중령)도 해인사 상공에서 절에 있는 적들을 발견하고 폭탄을 투하해 싹쓸이하면 얼마나 장쾌할까 하는 생각을 했다고 전하고 있다. 그러나 자신의 상관인 김영환 대령이 절대로 그 일만큼은 안된다고 하니 그도 어쩔 수 없었던 것이다. 아마 이 대원처럼 생각하는 것이 정상일 게다. 그런 위중한 판국에 적을 한 명이라도 더 죽여야지 문화재 보호하겠다고 하면 무슨 한가한 소리냐고 하면서 외려 면박을 주었을 것이다.

그러나 김영환 대령은 달랐다. 처음부터 그는 해인사를 폭격할 생각이 없었을 것이기 때문이다. 그래서 그날 그가 편대장으로 출격한 것은 실로 천우신조라고 할 수 있겠다.

그런데 이처럼 자기 목숨을 내놓고 엄청난 유산을 지킨 우리의 문화 영웅인 김영환 대령에 대해서 우리는 너무나 무관심하다. 해인사를 아무리 둘러봐도 그의 업적에 대한 기록이나 흔적을 찾기 힘들다. 있는 것이라고는 해인사 올라가는 길에 있는 '게딱지'만한 '수호공적비'가 전부다. 그것도 안내판이 없어 사람들은 이 비를 발견하지 못하고 그냥 지나치기 일쑤다. 해인사 경내에서는 김영환 대령의 흔적을 찾아볼 수가 없다.

그런데 일주문 근처에는 해인사 출신 승려들의 부도탑들로 장관을 이룬 공원 같은 곳이 있다. 해인사 출신 가운데 가장 유명한 승려인 성철의

9-제10 전투비행단장 시절의 김영환 대령. 리히트
호펜 스타일의 장교모와 빨간 머플러를 착용하고
있다(공군 사진).

10-해인사 제경판과 인경본 (문화재청 보도자료)

거대한 부도탑도 이 영역에 있다. 이런 것들과 비교해보면 김영환 대령
의 공적비는 초라하기 짝이 없다. 해인사의 이같은 상황을 접할 때마다
'이래도 되나? 우리의 영웅을 이렇게 소홀히 대접해도 되나?' 하는 자괴
감이 든다. 자신들의 영웅을 이렇게 푸대접하는 나라가 또 있을까 하는
생각과 함께 말이다. 이 공적비는 당연히 해인사 경내의 장경각 앞에 세
워야 한다. 그래야 이곳에 온 많은 사람들이 대장경을 지키기 위해 목숨
을 내놓았던 김영환 대령의 영웅적인 면모와 구체적인 진상을 알 수 있
을 것이다.

김영환 대령에 대한 이러한 무관심은 자연스럽게 그를 소개하는 책자가 없는 참담한 결과를 낳았다. 최근까지 그를 전문적으로 소개한 책자가 없었는데 2018년도에 소설 형태로 책 한 권이 나왔다.[11] 그런데 이 책은 김영환 대령과 대장경에 대해서만 설명한 것이 아니고 그의 일생과 공군 전체와 관계된 것 등을 다루고 있기 때문에 대장경 자체에 대한 정보가 별로 없다. 김영환 대령의 어린 시절부터 시작해 한국 공군 창설 시 그가 어떤 역할을 했는지에 관한 것 등등 그를 전체적으로 다루고 있다. 따라서 이 책으로는 김 대령 덕분에 마지막 위기를 면할 수 있었던 대장경에 대한 정보를 얻을 수 없다.

　그런데 김영환 대령에 대한 대접과 관련해서 더 이상한 것은 그에 대해서는 어린이 책도 없다는 것이다. 출판계에서 어린이 책 시장은 유일하게 장사가 되는 분야라 출판사에서 앞 다투어 다양한 주제를 가지고 어린이 책을 출간한다. 그래서 어린이 도서가 다루지 않은 주제가 거의 없는데 이상하게도 김영환 대령에 대해서는 어린이용 단행본이 출간되지 않았다. 이 분에 대한 책이 나오면 꽤 팔릴 것 같은데 왜 어린이 도서마저 외면했는지 모르겠다. 앞으로 김영환 대령에 대해 다방면의 관심이 생겨나기를 기대해 본다.

11) 차인숙(2018), 『빨간마후라 김영환 - 특명, 해인사를 지켜라』 시간여행.

간송 전형필,
『훈민정음 해례본』을 구입하고 지키다

한국이 보유한 세계기록유산과
관련해 다음의 주인공은 일제기 때
『훈민정음 해례본』을 구입하고 보
존해서 우리에게 건네준 간송 전형
필 선생이다. 간송에 대해서는 꽤
알려져 있어 자세하게 설명할 필요
를 느끼지 못한다. 그러나 간송의
영웅적 행보는 기회가 있을 때마다
반드시 후손들에게 알려야 한다. 이
주제에 대해 나는 앞서 언급한 졸
저[12]에서 소상히 밝힌 적이 있다.
따라서 여기서는 매우 소략하게 볼
예정인데 새롭게 알아낸 정보가 있
어 이전 책에 없던 정보가 포함될 것이다.

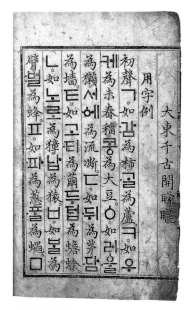

훈민정음 해례본

---

12) 최준식(2013), 『한국의 문기』 소나무.

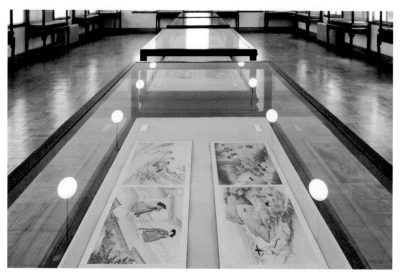
11-간송이 모은 문화재가 전시된 서울 보화각 (문화재청 보도자료)

문자의 모든 것을 밝혀 놓은 세계 유일의 책

간송이 구입하고 지금까지 보존해온 『훈민정음 해례본』(이하 해례본)이 세계기록유산으로 선정된 것은 당연한 일이다(1997년 등재). 해례본 같은 종류의 책은 전 세계에 유례가 없기 때문이다.

그런데 의외로 많은 사람들이 해례본이 지니는 세계사적 의미를 잘 모르는 듯하다. 이 책은 어떤 사람(혹은 집단)이 새로운 문자를 만들어 놓고 그 문자의 모든 것에 대해 직접 밝혀 놓은 유일한 책이다. 인류 역사에서 그와 유사한 예를 찾아볼 수 없는 단 한 권의 책인 것이다.[13]

구체적으로 이 책은 무엇이 그리 대단하다는 것인가? 우리는 이 책을 발견하고 나서야 한글, 즉 "훈민정음"이라는 문자가 어떤 원리로 만들어

13) 2008년 상주에서 또 다른 해례본이 발견되었으나 상주본은 그 전모가 아직 세상에 공개되지 않아 자세한 사정은 알 수 없다.

졌는지를 알게 되었다. 그전까지는 훈민정음은 세종이 창제했고 그 시기가 언제쯤이라는 정도만 알고 있었다. 이 신묘한 문자가 어떤 원리로 만들어졌는지는 전혀 알지 못했다. 이 원리에 대해서는 추측만 하고 있었는데 이 책이 발견되고 난 뒤 그 추측들은 다 틀린 것으로 판명되었다. 이 신묘한 문자는 사람의 발성기관이나 발성되는 모습, 그리고 자연을 모방해 만들었다는 것을 이 책을 통해 알게 된 것이다. 그런데 한국인들은 이런 사실에 너무나 익숙해서 그런지 해례본 같은 책이 존재한다는 게 얼마나 대단한 일인지 모르는 것 같다.

주지하다시피 문자란 많은 경우 오랜 기간에 걸쳐 다수에 의해 형성되기 때문에 그게 누구에 의해 만들어졌는지 혹은 어떤 원리에 따라 조성되었는지 잘 알지 못한다. 우리와 가장 가까운 문자인 한자나 영어의 경우만 보아도 그 사정을 잘 알 수 있다. 우리는 이 문자들이 언제, 누구에 의해 만들어졌는지 알지 못한다. 한자는 그래도 그 조성 원리를 어느 정도 알고 있으나 영어의 경우에는 이 문자가 어떤 원리로 만들어졌는지에 대해서 확실하게 알지 못한다. 이러한 사정은 다른 문자의 경우도 마찬가지다.

사정이 그러하니 이 해례본처럼 (새롭게 만든) 문자에 대해 처음부터 끝까지 정확하고 상세하게 설명한 그런 문자 풀이본은 다시는 없을 것이다. 그래서 이 책이 대단하다는 것이고 그런 까닭에 당연히 세계기록유산에 등재된 것이다.

1940년대 일제기, 간송이 온 힘을 다 해 구입한 책

그런데 이런 세계 유일의 문자 해설서가 있기만 하면 무엇 하겠는가? 만일 이 해례본이 기록상에만 존재하고 그 실물을 우리가 갖고 있지 않다면 지금과 같은 대단한 의미는 없었을 것이다. 20세기 중반까지도 한국인들은 이 책을 기록을 통해서만 알고 있었을 뿐 실물은 찾지 못하고 있었다. 그러던 것이 1940년대를 전후해서 이 책이 드디어 그 모습을 드러냈다. 안동에 있는 어떤 가문의 종가에서 발견된 것이다.[14]

그 후 해례본이 어떻게 해서 간송의 손에 들어오게 되었는지는 과정이 조금 복잡하니 생략하기로 한다. 여기서 중요한 것은 그같이 중요한 유산이 간송의 손에 들어왔다는 사실이다.

간송은 당시 사람들 사이에서 한국의 문화유산을 거금을 주고 사들이는 인물로 소문이 파다하게 나 있었다. 그런 가운데 해례본이 나왔다는 소식이 간송에게 전해졌다. 간송은 이 소식을 듣고 먼저 책의 진품 여부를 확인하려고 했다. 그는 자신이 가장 신임하는 거간꾼[15]을 보내 진품인 것을 확인하고는 바로 돈을 지불하고 이 책을 구입했다고 전해진다.

이때 지불한 돈의 액수가 엄청나다는 것은 알려진 대로다. 거간료로 이미 천원을 지불했고 해례본에 대해서는 거금 만원을 지불했다고 한다. 이 돈이 당시 기와집 10채 정도 값에 해당하는 막대한 돈이었다는 것은 이미 사람들에게 꽤 알려져 있는 사실이다. 그러나 이 정도의 돈이 지금의 가치로 얼마나 되는지는 잘 알 수 없다. 기와집 한 채면 지금 수십 평짜리 아파트 한 채에 해당할 터이니 이런 아파트가 열 채면 이 돈은 수십억 원의 가치를 갖고 있다고 보아야 할 것이다.

어떻든 당시 고서 가운데 아무리 비싼 책도 백 원 이상을 안 쳤다고 하니 간송이 이 책에 만원을 쓴 것은 엄청난 일이라 하겠다. 이러한 사실을

---

14) 해례본의 원래 소장처를 두고 광산 김씨와 진성 이씨 가문 사이에 논란이 있어 여기서는 그 정확한 소장처를 언급하지 않았다. 필자가 2013년에 『한국의 문기』라는 책을 출간했을 때에는 이 같은 논쟁이 없었는데 2017년에 이 두 가문이 서로 해례본의 원 소유주라고 주장하면서 논쟁이 불거졌다.

15) 이 거간꾼의 이름은 이순황이라고 전해진다.

12-서울 보화각 (문화재청 보도자료)

통해 우리는 간송이 이 책을 얼마나 높이 평가했는지를 알 수 있다. 간송
은 이 책이 우리의 귀중한 문자인 한글의 모든 것을 적은 유일한 책인 것
을 확인하고 큰돈을 지불하고 구입한 것이리라.

여기까지는 잘 알려진 사실이다. 그런데 사람들이 잘 모르는 것이 있다.
그것은 이 해례본을 구입하는 일련의 과정이나 그 이후에 간송이 자신이
이 책을 보관하고 있다는 사실을 철저하게 비밀에 부쳤다는 사실이다.

안전한 보존에도 혼신의 노력을 다한 간송

우선 이런 고가의 거래는 워낙 큰일이라 사람들에게 알려지기 쉽다. 그
런데 간송은 이 모든 과정을 극비리에 진행했다고 한다. 왜 그랬을까? 그
것은 당시의 상황을 감안하면 어느 정도 짐작해 볼 수 있다.

1940년대 초반은 일제가 한국문화를 말살하기 위해 온갖 극악한 행위

13-전형필 가옥(문화재청 보도자료)

를 하던 때였다. 그 가운데 가장 악랄한 것은 한글을 말살하려는 정책이었다. 당시 일제 당국은 한국인의 이름도 일본식으로 바꾸게 했고 더 나아가서 한국의 말과 글을 못 쓰게 하는 조치를 단행했다. 이것은 일본과 조선이 하나라는 '내선일치론'에 의거한 이른바 '황국신민화정책'에 따른 조치였다.

한 나라 사람의 얼을 뺏으려면, 다시 말해 무기력한 인간으로 만들려면 그들의 말을 못 쓰게 하는 것이 가장 좋은 방법일 것이다. 1942년에 일제 당국이 '조선어학회' 사건을 일으켜 많은 한글학자들을 체포하고 고문한 것은 이런 맥락에서 자행한 일이었을 게다. 이런 사회 분위기 속에서 간송이 해례본 같은, 한글의 우수성을 명확하게 알려주는 책을 구입하고 소지하고 있다는 사실이 알려지면 그는 매우 위험한 상황에 처하게 될 수 있었다. 일제 당국은 이런 책이 있다면 그것을 애당초 없애버리려고 했을 것이다. 한국인들이 자신들의 문화가 우수하다고 생각하는 것을 원천적으로 차단할 수 있기 때문이다.

이런 정황을 잘 알고 있던 간송은 해방이 된 후에야 자신이 해례본을 구입하여 보관하고 있다는 사실을 공포한다. 이 사실을 통해 우리는 간송이 이 해례본을 지키기 위해 얼마나 조심했고 용의주도했는가를 알 수 있다.

이와 관련하여 또 생각해볼 수 있는 간송의 공은, 그가 해례본이 나왔다는 소식을 듣고 즉시 비밀리에 그 책을 사들였을 뿐만 아니라 안전하게 보관했다는 데에서 찾아볼 수 있다. 만일 이 책이 간송에게 가지 않았다면 어떻게 됐을까? 여러 가지 가능성이 있겠지만 어떤 쪽이든 그리 긍정적인 결과가 나올 것 같지 않다.

우선 해례본이 일본의 손에 들어갔다면 앞서 말한 대로일 것이다. 그렇지 않고 한국인의 손에 있었다면 원래 있던 그 종가의 서고에서 먼지에 싸인 상태로 그대로 있었을 수도 있겠다. 만일 그랬다면 6.25 전쟁 통에 불타 없어졌을 가능성도 배제할 수 없다. 전쟁 중에 속절없이 없어진 책들이 많기 때문에 이 책 역시 그런 결과에 직면하게 됐을지도 모를 일이다.

아니면 해례본의 진가가 알려지면서 이 책의 소유권을 두고 분쟁이 유발될 수도 있었을 것이다. 이런 모습은 잘 알려진 것처럼 이 해례본과 같은 내용을 담고 있는 상주본의 사정을 보면 된다. 상주본은 돈과 관련된 문제 때문에 현재(2021년) 많은 문제에 직면해 있다. 우리는 이 책이 어떤 개인이 소장하고 있다는 것만 알고 있을 뿐 자세한 내용은 물론 그것이 어디에 어떤 상태로 있는지 잘 모르고 있다. 안타까운 일이지만 앞으로도 상주본의 운명은 어떻게 될지 아무도 모른다.

그러나 다행스럽게도 이 해례본은 간송 손에 들어가 안전하게 보존되었고 그 덕에 우리가 언제든지 그 내용을 열람할 수 있게 되었다. 특히 6.25 전쟁 때 간송이 피난 가면서 이 해례본만 오동나무 상자에 넣어서 가져간 것은 잘 알려진 사실이다. 속설에는 그가 잠을 잘 때에도 이 상자를 베고 자면서 한시도 해례본을 몸에서 떨어뜨린 적이 없었다고 한다. 이는 그가 어떤 유물보다도 해례본을 중시했다는 사실을 잘 보여준다고 하겠다. 이 같은 간송의 영웅적인 행보 덕에 한국인들은 인류사에 혁혁히 빛나는 해례본을 보지(保持)하고 있는 위대한 국민이 된 것이다.

간송을 주제로 다룬 단행본이 있어야

이처럼 우리는 간송 덕에 한글이 어떤 원리로 만들어졌는지 알 수 있게 되었고 그것을 통해 전 세계를 향해 한국이 가장 과학적인 문자를 소유한 나라라고 마음껏 자랑할 수 있게 되었다. 이런 일을 가능하게 해준 간송은 우리의 문화 영웅임이 틀림없다.

그런데 그런 위인을 다룬 책은 현재 단 한 권만 있을 뿐이다. 이충렬 씨가 펴낸『간송 전형필 - 한국의 미를 지킨 대수장가 간송의 삶과 우리 문화재 수집 이야기』[16]라는 책이 그것인데 이 책은 에세이 형식이지 전문서는 아니다. 게다가 전반적으로 간송의 업적을 다루고 있어 해례본과 간송에 관계된 내용은 그리 자세하지 못하다. 이 주제에 대한 것은 그저 한 장에서만 다루고 있을 뿐이다.

간송이 평생 거금을 들여서 많은 유물을 사서 모았지만 해례본은 그 가운데 가장 빼어난 것이라 할 수 있다. 따라서 이 책과 간송만을 주제로

16) 이충렬(2010), 김영사.

다룬 단행본이 있어야 할 터인데 그런 책이 없다는 것이 정녕 믿기지 않는다. 한국인들이 가장 자랑스럽게 생각하는 유산이 '훈민정음'일진대 그 주석서인 해례본을 우리에게 전해준 위인 중의 위인인 전형필 선생에 대한 서책이 없다는 사실은 후손들의 후안무치(厚顔無恥)적인 행위라 할 수 있다. 어서 이 주제에 대한 단행본이 나왔으면 하는데 그게 어느 때가 될지 짐작조차 할 수 없어 안타깝다.

노년의 두 선비 안의와 손홍록, 임진왜란에서 『조선왕조실록』을 구하다

이번에 또 다른 문화 영웅과 함께 볼 세계기록유산은 『조선왕조실록』 (이하 실록)이다. 이 책은 다양한 특징과 성격을 지니고 있지만 아주 간단하게 정의하면 '세계에서 가장 긴 단일 왕조 역사서'라 할 수 있다. 전체 조선왕조 역사 가운데 472년간의 역사를 기록했는데 여기에 포함된 왕은 태조 이성계부터 25대 철종까지다.[17]

과거 봉건 왕조 시절에 한 나라가 오백 년을 지속하는 경우가 별로 없는데 조선은 그 이상을 지탱했을 뿐만 아니라 그것을 대부분 역사 기록으로 남겼다. 이런 일은 인류 역사에 그리 흔하게 일어나는 일이 아니다. 그런 점에 힘입어 실록은 1997년에 유네스코에 세계기록유산으로 등재된다.

철저한 기록 정신에 의거하여 작성된 책

실록이 높이 평가되는 이유는 앞서 언급한 사실 외에도 많다. 우선 들수 있는 것은 이 책의 내용이 유교가 지니고 있는 드높은 역사관에 의거

---

17) 철종 다음 왕인 고종과 순종 대의 실록은 '조선왕조실록'에 포함시키지 않는다. 그들에 대한 실록이 만들어지기 전에 조선이 망했기 때문이다.

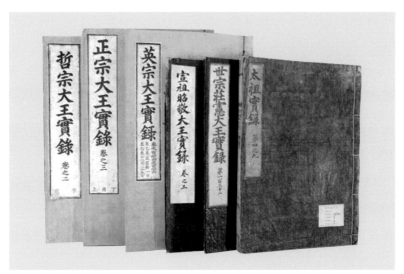

14-조선왕조실록 (문화재청 보도자료)

해서 기록되었다는 사실이다. 이때 말하는 유교의 역사관은 여러 가지로 묘사할 수 있다. 그 가운데에 왕과 그 주위에서 일어나는 모든 언행을 가감 없이 기록한다는 것이 가장 중요한 요소라고 할 수 있다.

이 원칙에 따라 조선에서는 왕이 업무를 시작하면 실록을 기록하는 사관이 항상 옆에 있으면서 왕에게 일어나는 모든 일을 기록했다. 이처럼 사관이 항상 왕의 곁에 머물면서 그의 모든 언행을 가감 없이 기록한다면 왕은 제멋대로 행동할 수 없을 것이다. 이것은 전통 왕조 사회에서 왕이 의사 결정을 할 때 전횡(專橫)하는 것을 막는 제도적 장치라 하겠다.

이뿐만이 아니다. 조선의 위정자들은 왕의 언행을 단지 기록하는 것으로 만족하지 않고 이것을 정리해 후대의 자손들에게 남겼다. 그렇게 되면 왕의 모든 언행은 후대에 공개되는 것이니 왕은 자신이 아무리 왕이라고 해도 언행에 대해 매우 조심할 수밖에 없었을 것이다. 자칫 잘못해서 언행을 경솔하게 하면 그게 그대로 적혀 후대에 모두 전해지니 말이다.

이런 까닭에 중국의 황제 가운데에는 그들의 언행을 기록하는 사관 제도를 없애버린 사람도 있었다. '네가 뭔데 내가 말하는 것을 다 적어' 하는 불평과 함께 말이다. 중국은 황제의 권한이 너무 강해 이런 일이 가능했던 모양이다.

그런가 하면 일본의 경우는 중국보다 더 하다. 과거 일본에서는 쇼군[將軍]의 권위가 너무 강해 그 옆에 사관이 앉아 감히 그 언행을 적는 일을 하지 못했다고 전해진다. 그런 끝에 일본에서는 이 같은 실록 제작 전통이 뿌리를 내리지 못했다.

이에 비해 조선은 동북아시아 제국(諸國) 가운데 이 제도가 가장 잘 지켜진 나라였다. 조선은 중국처럼 사관 제도를 없애버린 적도 없고, 일본처럼 우두머리의 권위가 무서워 그에 대한 기록을 소홀히 한 적도 없었다. 실록을 만드는 전통은 중국에서 비롯된 것이지만 이 전통을 제대로 지킨 나라는 조선밖에 없었던 것이다. 이 대목만 보아도 조선이 얼마나 인문학에 충실한 국가였는지를 알 수 있지 않을까 한다.

왕조차도 볼 수 없던 객관적인 기록물

이 같은 철저한 기록 정신도 대단하지만 더 대단한 것은 이렇게 기록한 것을 왕이 볼 수 없다는 규칙을 철저하게 준수했다는 사실이다. 만일 왕이 실록을 볼 수 있었다면 사관이 기록할 때 객관적으로 쓰는 일이 불가능했을 것이다. 특히 왕을 비판하는 글은 적기 힘들었을 것이다. 후에 보복이 들어올 수 있기 때문이다. 그러나 조선에서는 이 원칙이 엄격하게 지켜졌다.

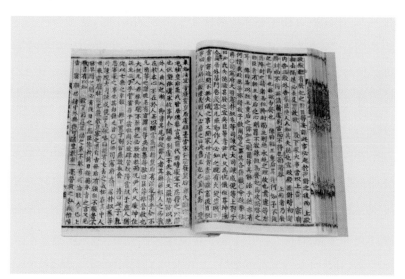

15-오대산사고본 조선왕조실록(문화재청 보도자료)

반면에 중국 황제들 가운데에는 실록을 볼 수 없다는 규제를 깨고 실록을 제멋대로 보았을 뿐만 아니라 마음에 들지 않으면 일정 부분을 지워버린 황제들도 있었다고 한다. 이 분야를 전공한 연구자들의 이야기를 들어보면 이런 이유로 중국의 실록에는 붓으로 지워 놓은 부분이 발견된다고 한다.

황제나 왕으로 하여금 실록을 보지 못하게 한 이유는 간단하다. 앞서 말한 것처럼 사관이 그들의 눈치를 보지 않고 소신껏 쓸 수 있게 해주려는 것이다. 이런 게 바로 유교의 역사관이다. 왕의 언행을 객관적으로 서술하고 그것이 후대에 귀감이 될 수 있게 역사 기록으로 남기는 것 말이다.

이 제도가 제대로 실행되면 왕은 자신의 언동을 매우 조심할 것이고 제왕으로서 품위에 어긋나는 일을 하지 않으려고 노력할 것이다. 이런 게 바로 유교의 정치철학이다. 객관적인 역사 기록 제도를 만들어 왕으로 하여금 그 권력을 제멋대로 부릴 수 없게 만든 것 말이다. 이렇게 왕권을 견제함으로써 신권(臣權)을 살려내고 이 양대 권력의 균형을 맞추어 보다 좋은 정치를 하게 만드는 것이 바로 유교의 정치철학이 지닌 핵심이다.

이 같은 정치철학에 의거해 엄중하게 쓰인 책이 조선의 실록이다. 동북아시아에서 유교문화권에 들어 있던 중국과 조선, 일본, 월남 등이 모두 이 제도를 따라 실록을 남기려고 했지만 이 작업에 성공한 왕조는 중국과 조선밖에 없었다.[18] 그런데 중국의 실록(이른바 '명실록'이나 '청실록')은 세계기록유산에 등재되지 못했다. 그 이유에 대해서는 이미 위에서 언급했듯이 과거 중국에서 실록을 만들 때, 지켜야 하는 사항들이 제대로 지켜지지 않았기 때문이다.

필사가 아닌 아름다운 목활자로 만든 책

그뿐만이 아니다. 조선은 단 4부만 만드는 실록을 인쇄하기 위해 필사본이 아니라 아름다운 목활자를 만들어 그것으로 훌륭한 책을 만들어냈다. 중국 것은 이렇게 만들어지지 않았다. 중국에서는 그냥 사관이 필사한 것을 가지고 책을 만들었다고 한다. 게다가 앞서 말한 것처럼 황제가 그 기록을 열람하고 마음에 안 드는 부분을 붓으로 지운 흔적이 남아 있는 경우도 있었다.

이 같은 공식적인 관찬 역사 기록을 만드는 일은 중국에서 비롯된 것이다. 그럼에도 불구하고 한국의 것이 중국 것을 제치고 세계유산이 됐

18) 일본에는 고대(나라나 헤이안 시대)에 작성된 극히 일부의 관찬(官撰) 실록이 남아 있지만 그 이후에는 이 같은 전통이 사라졌다.

16-조선왕조실록 오대산사고본 (국립고궁박물관 보도자료)

으니 대단한 일이라 아니할 수 없다. 문화의 전수국이 문화의 종주국을 추월한 것이다. 따라서 이 관점에서만 본다면 조선은 중국(명이나 청)보다 더 문화적인 국가이었다고 말할 수 있지 않을까 싶다.

어떻게 조선시대의 종이책이 지금까지 살아남았을까?

자금까지 살펴본 사실만 보아도 실록은 대단한 유산이다. 그런데 그런 실록이 우리에게는 전 본이 남아 있다.[19] 이처럼 실록이 온전하게 남아 있다면 앞의 대장경의 예에서처럼 우리는 당연히 다음과 같은 의문을 가져야 한다. 실록은 종이로 만든 책인데 임진왜란과 같은 전쟁 때 어떻게 살아남을 수 있었느냐고 말이다.

---

19) 중국은 위진남북조시대부터 실록이 편찬되었지만 왕조 전체의 기록이 온전하게 남은 실록은 '명실록'과 '청실록'뿐이다.

17-오대산 사고(한상현 사진)

실록 같은 관변 기록은 관청에 보관되어 있기 때문에 전쟁이 나면 모두 타버리기 마련이다. 적군이 도성을 함락하면 이런 기록들은 잔존하기 힘들다. 특히 적군이 퇴각할 때 이런 기록들을 그대로 놔두고 갈 리가 만무하기 때문이다. 조선의 대표적인 관청의 기록물인 『승정원일기』나 『비변사등록』 같은 것이 그런 예다. 이 같은 정부의 기록물들은 임진왜란 때 일본군이 모조리 태워버려 임란 이후 것만 남았다. 이 기록물들은 일본군이 건물을 태울 때 같이 전소됐을 것이다(여기에는 다른 의견도 있지만 생략했다).

사정이 그렇다면 실록도 같은 운명에 처해졌을 텐데 어떻게 임진란의 병화를 피해 갈 수 있었을까? 이런 일이 가능하려면 영웅이 다시 등장하지 않으면 안 된다. 영웅적인 사람들이 있어야 이 같은 기적적인 일이 가

　　직지와 의궤에 일생을 바친 박병선 박사

18-오대산 사고 내부(한상현 사진)

능하기 때문이다. 이에 대한 전후 사정을 알려면 먼저 실록이 어떻게 보관되었는지부터 살펴보아야 한다.

잘 알려진 것처럼 조선 정부는 실록을 4부 인쇄하여 네 군데로 나누어 보관하고 있었다. 승정원일기 같은 것은 한 부만을 만들어 궐 안에 두었지만 실록은 이런 기록보다 훨씬 더 중요하게 생각해 4부를 만들어 전국 각지에 보관했다. 한양(도성)과 충주, 성주, 전주에 사고(史庫)를 만들어 보관한 것이다. 안전을 고려해 사고를 여러 개 만들어 유사시를 대비한 것인데 사달은 또 임진왜란에 일어났다. 이 네 군데의 사고 가운데 왜병이 진격한 세 곳(한양 춘추관, 성주, 충주)에 있던 실록이 전소되었기 때문이다. 마지막 남은 것은 전주 경기전 경내 사고에 보관되어 있던 것뿐이었다.

전주 사고(전주 경기전)

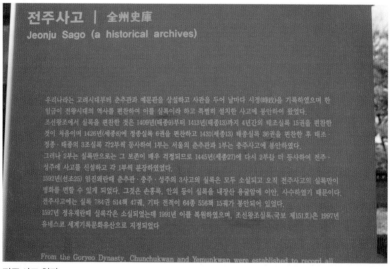

전주 사고 현판

직지와 의궤에 일생을 바친 박병선 박사

60개의 궤짝, 임진란으로부터 실록을 지켜낸 두 선비

그런데 전주 사고도 왜군이 진격해 옴에 따라 위태롭게 되었다. 관리들의 대책회의가 열렸다. 마침 이 소식을 들은 정읍의 두 선비, 안의와 손홍록이 달려왔다. 이들이 바로 단 한부만 남은 실록을 지켜낸 문화 영웅이다.

이들 두 선비가 전주 사고에 있는 내용물을 지키는 데에 이렇게 열을 올린 이유는 추정컨대 이곳(전주 경기전)에는 이성계의 어진이 있었기 때문일 것이다. 당시에 어진은 임금 그 자체로 간주되었기 때문에 어진에 변고가 생기는 일은 용납할 수 없었다. 그 때문에 이곳을 관장하는 관리들이 어진을 재빨리 피신시키려고 생각했을 것이다. 그와 더불어 경내 사고에 있던 실록이나 그 외의 책들을 구하는 것도 그들이 이 일을 기획한 동기였을 것이다. 그들 생각에 실록은 궁궐에서 만든 임금에 대한 기록이니 꼭 보존해야 되는 것으로 비쳤을 것이다.

당시 안의와 손홍록은 혼자 온 것이 아니다. 장정들을 모으고 적잖은 경비를 준비해서 달려왔다. 전주 사고 안에 있던 책은 실록을 포함해 천 권이 훌쩍 넘었기 때문이다. 사고에 있던 책들을 궤짝에 담았더니 약 60개의 분량이 되었다고 하는데 이것을 옮기려면 수십 명의 장정, 그리고 말이나 수레 등이 필요했을 것이다. 이런 일을 하자니 많은 사람을 동원할 수밖에 없었을 것이고 그에 따라 상당한 비용이 지출되었을 것이다. 안의와 손홍록은 당시 경기전 참봉으로 있던 오희길과 협업해 이 일을 도모했다.

그런데 당시 안의는 나이가 60대 중반이고 손홍록은 50대이었다고 한다. 이는 지금도 적은 나이가 아니지만 당시에 이런 나이라면 아주 연로한 그룹에 해당된다. 지금으로 환산해보면 각각 80대와 70대라고 해야

할 것이다. 안의와 손홍록은 이 같은 노구를 이끌고 엄청난 일을 진두지
휘했다. 지금도 노년의 나이에 이런 큰일을 결심하는 것은 쉽지 않은 데
그들의 노력과 정성은 참으로 대단하다 하겠다.

심산유곡에서의 풍찬노숙 1년 여

그들은 이 서물들을 옮기는 장소도 신중하게 골라야 했다. 왜군들의 손
이 전혀 미치지 않는 곳을 찾아야 했기 때문이다. 그래서 그들은 왜군이
올 수 없는 심산유곡을 골랐고 그 결과 내장산 깊은 곳에 있는 동굴 속에
이 책들을 숨기기로 결정했다. 여기서도 그들은 한 곳에만 있지 않았다.
한 곳에만 머물러 있으면 소문이 나서 그 첩보가 일본군에 들어갈 수 있
기 때문이다. 그런 끝에 그들은 불안한 나머지 더 깊은 동굴 혹은 암자로
실록을 수차례 옮겼다.

나는 이곳을 직접 가 보지 못했지만 마침 다큐멘터리 필름이 있어 그
역사의 현장을 영상으로 볼 수 있었다. 그 장소들은 지금도 상당히 깊숙
하고 험한 곳이었는데 특히 동굴 등지에 가려면 사다리가 있어야 들어갈
수 있었다. 대단히 험난한 곳에 실록을 옮겨 놓은 것이다. 그런 곳에 책이
가득 차 있는 60개의 궤짝을 올려놓는 일이 얼마나 힘들었을까? 지금처
럼 기계가 있는 것이 아니라 일일이 사람의 손으로 올려놓아야 했을 터
이니 말이다.

그토록 힘든 일이었지만 두 선비는 실록이나 태조의 어진 등이 조정에
서 만든 더할 수 없이 귀중한 것이니 무조건 지켜야 한다고 생각했을 것
이다. 특히 왕 자체라 할 수 있는 어진은 어떻게 해서든 지켜야 한다고
생각했을 것 같다. 그러나 그들은 이 서물들이 장차 세계가 인정하고 보
호하는 세계적인 유산이 되리라고는 전혀 생각하지 못했을 것이다.

그런데 이 서물들은 이렇게 모셔만 놓는다고 되는 일이 아니었다. 언제 왜군들이 들이닥칠지 모르니 직접 지키지 않으면 안 되었다. 그래서 안의와 손홍록은 서로 번갈아 가면서 동굴에 머물면서 실록을 지킨다.[20] 그렇게 한 기간을 따져보니 1년이 조금 넘었다. 두 분이 교대로 산속에서 '야영'을 하면서 무려 1년 동안을 지낸 것이다.

이 대목에서 우리는 안의와 손홍록의 나이를 생각해봐야 한다. 앞에서 말한 대로 그들은 당시로서는 완전히 노인이었다. 그 나이에는 집에서 생활하기도 힘든데 이들은 그야말로 풍찬노숙(風餐露宿)을 산속에서 한 것이다. 평소에 이런 생활을 했던 사람들이라면 이 같은 노숙을 견딜 수 있었을지도 모른다. 그런데 이런 생활과는 전혀 관계가 없었을 두 분이 어떻게 그런 험한 생활을 견디어냈는지 자못 궁금하다.

아마도 그들은 대단한 정신력의 소유자이었던 것 같다. 개인적으로는 그때 그들이 어떻게 먹고 잤는지, 또 옷은 어떻게 갈아입었는지, 추운 겨울에는 어떻게 난방을 했는지 등등이 모두 궁금한데 이에 대해 자세한 정보를 알려주는 자료는 아직 접하지 못했다.

그들은 이곳 내장산에만 있었던 것이 아니다. 왜군이 전라도에서 퇴각하자 이들은 좀 더 안전한 곳으로 이 서물들을 옮기기 시작했다. 이때 이 서물들은 여러 곳을 전전했는데 특히 손홍록은 이 실록이 여러 지역을 거쳐 나중에 묘향산 보현사에 이전될 때까지 따라다녔다고 하니 그 노고가 실로 대단하다고 하겠다.

이렇게 두 선비에 의해 안전하게 보관된 실록은 이후에 정식으로 조정에 인수된다. 불에 타 다 없어질 뻔했던 실록이 가까스로 단 한 질이 온

---

20) 이때 이곳에는 승장(僧將) 희묵이 이끄는 승병들이 있어 실록 지키는 일을 협력했다고 한다.

전하게 살아남은 것이다. 조선 정부 기록 가운데 유일하게 이 실록만 전질이 잔존했으니 안의와 손홍록의 공이 얼마나 큰 지 알 수 있을 것이다.

그런데 이분들에 대한 자료를 찾아보면 다큐멘터리나 영상 자료들은 꽤 있지만 이들만을 따로 다룬 단행본은 없다. 단지 문화재청에서 엮은 책[21]에서 한 장을 할애하여 이들을 다루고 있을 뿐이다. 이러한 현실은 두 선비가 세운 공에 비하면 너무 박하다는 느낌이 든다. 이 정도의 업적이라면 이들이 실록을 구하기 위해 행했던 모든 일을 꼼꼼히 조사해 그것을 기반으로 단행본으로 출간해야 하지 않을까 하는 생각이 강하게 든다. 목숨을 걸고 대장경을 지킨 김영환 대령, 거금을 들여 해례본을 구입하고 지킨 간송 전형필에 이어 실록을 지켜 우리에게 전해준 안의와 손홍록까지 앞으로 우리의 문화 영웅들을 다룬 단독 단행본(연구서)이 나오기를 기대해본다.

1부를 마무리하며

이것으로 한국이 낳은 세계적인 유산을 지켜낸 문화 영웅들에 대해 아주 간략하게 살펴보았다. 이제부터 우리는 또 다른 영웅이자 이 책의 주인공인 박병선 박사를 만나게 될 것이다. 그런데 박 박사는 앞에서 본 영웅들과는 조금 다른 의미에서 영웅적인 행위를 했다.

앞에서 본 영웅들은 주로 한국의 유산이 소멸되는 것을 막고 보존에 힘썼다면 박병선 박사는 해외에 묻혀 있던 세계적인 한국의 기록유산 두 점(『직지심체요절』, 『조선왕조의궤』)을 찾아내 세상 빛을 보게 했다. 그뿐 아니라 직지의 경우에는 그 세계사적 의미까지 밝혀 세계기록유산에 등재

---

21) 문화재청 엮음(2008), 『수난의 문화재: 이를 지켜낸 인물이야기』, 눌와.

되는 데 결정적인 역할을 했다. 그가 학자로서의 능력을 총체적으로 발휘하여 홀로 오랜 기간 노력한 끝에 이룬 큰 성과인 것이다. 이렇게 박병선 박사는 우리가 꼭 기려야 할 또 한 분의 문화 영웅이다.

2부

마침내 박병선,
그를 만나다

Part 1
직지를 찾아서

세계문명사의 한 페이지를 장식한 사건, 직지의 발견! 1967년, 마침내 세계 금속활자의 역사가 하루아침에 바뀌었다. 직지는 본국(한국)에 없는 데도 등재(2001년)된 유일한 세계기록유산이다. 그 전 과정에 우리의 문화 영웅 박병선 박사가 있다.

20- 박병선 박사의 생전 모습(청주 고인쇄 박물관 라경준 학예실장 제공)

운명처럼
프랑스에서

지금부터 우리는 직지와 박병선을 찾아 떠난다. 직지와 박병선은 때래야 뗄 수 없는 관계라 이 두 요소는 항상 같이 가게 된다. 직지가 아무리 현존하는 제일 오래된 금속활자인쇄본이라고 한 들 박병선이 발견하지 않았다면 이 책은 여전히 프랑스 국립도서관 서가에 처박혀 있었을 것이다.

그뿐만이 아니다. 누군가 직지를 발견했다손 치더라도 그 책이 금속활자로 인쇄된 책이라는 것을 증명하지 않았다면 직지는 최고(最古)의 금속활자인쇄본이라는 사실을 공식적으로 인정받지 못했을 것이다. 그런데 발견과 증명, 이 두 가지 일을 모두 해낸 분이 있으니 그가 바로 박병선 박사다.

그 사서들도 알았을 테지만

프랑스 국립도서관 사서들도 아마 직지라는 책이 그곳에 있다는 사실을 알고 있었고 이 책이 범상치 않은 책이라는 사실을 알았을 것이다. 다만 그들은 관심을 기울이지 않았을 뿐이다. 직지의 표지에는 인쇄 연도(1377년)와 함께 이 책이 가장 오래된 금속활자인쇄본이라는 글이 적혀 있었기 때문이다. 그러나 그들은 더 이상 캐지 않았다. 그 이유에 대해서는 곧 상세하게 볼 것이다.

우리의 박병선은 이 같은 프랑스 사서들과는 입장이 달랐다. 우선 그가 직지를 찾게 된 과정은 그다지 복잡한 것 같지 않았다. 프랑스 해군이 조선에서 훔쳐 간 책을 찾으려고 도서관을 뒤지다가 우연히 이 책을 발견했으니 말이다. 중요한 것은 그 다음이다. 그때 박병선은 곧 이 책이 자신의 모국인 한국에서 만들어진 것이며 최고의 금속활자인쇄본이라는 사실을 알아챘다. 그런데 문제는 그가 한자로 된 금속활자와 그 인쇄술에 대해서 완전히 무지 상태였다는 것이다. 그의 전공이 역사학이나 종교학이었으니 인쇄술에 대해 무지한 것은 당연한 일이었다. 그래서 어쩌면 그 역시 프랑스 사서들처럼 더 이상 캐는 것을 포기할 수도 있었다.

그러나 박병선은 애국심과 투지가 불타는 한국인이었다. 그는 어떻게 해서든 이 책이 금속활자로 찍은 인쇄본이라는 사실을 증명하고 싶었다. 그러고 나서 이 책이 다른 곳이 아닌 한국에서 만들어진 책이라는 사실을 천하에 공표하고 싶었다.

그런 생각 끝에 그는 독학으로 금속활자 인쇄술을 공부했고 활자를 직접 만들어보기도 했다. 이 과정은 잠시 후에 상술하는데 대단히 지난(至難)한 과정이었다. 아마 박병선 같은 영웅이 아니면 할 수 없는 작업이었을 것이다.

난관을 뚫은 쾌거, 그 긴 여정을 이제는 알아야

박병선과 직지에 대해 앞으로 보게 될 내용은 크게 세 부분으로 짜여 있다. 첫 번째 부분에서는 이 책의 주인공이자 우리의 문화 영웅인 박병선의 업적이 왜 중요한 것인가를 밝힌다. 여기에서 우리는 직지가 세계 최고의 금속활자 인쇄본이라는 사실이 역사적으로 어떤 의미를 갖는가에 대해 검토할 것이다. 그리고 직지가 프랑스 국립도서관에 들어와 마침내 그에게 발견되기까지의 과정에 대해 볼 것이다.

앞서 말했듯이 그가 프랑스 국립도서관에서 이 책을 힘들게 발견한 것은 아니다. 그러나 직지가 플랑시(직지를 구입해 프랑스로 가져간 사람)에게 팔려가 프랑스 국립도서관에 들어가기까지의 여정은 그다지 순탄하지 않았다. 따라서 그 과정을 살펴볼 필요가 있다.

두 번째 부분에서는 박병선이 직지가 금속활자인쇄본이라는 사실을 홀로 증명하는 매우 중요한 과정을 다룬다. 그 내막을 소상하게 알게 되면 독자 여러분들은 당시 그가 얼마나 고생했는지 절감할 것이다. 직지가 국제적으로 최고의 금속활자인쇄본으로 인정받는 전 과정에서 이때가 가장 힘들었던 과정이었다고 할 수 있다.

마지막 부분은 박병선이 마침내 직시가 금속활자 인쇄본이고 한국(고려)에서 인쇄된 것이라는 증거를 외부에 공표했을 때 겪은 사건들로 구성된다. 한국인들은 지레 짐작에 그가 직지의 정체를 밝혔을 때 프랑스 사회는 물론 국제 사회로부터 즉시 인정받았을 것이라고 생각할지 모른다. 그러나 그것은 전혀 사실에 부합되지 않는다. 그가 이 사실을 공표했을 때 프랑스의 학계와 언론 등은 이 발견을 환영하기는커녕 외려 비난과 질타 일색으로 대했다.

이유는 간단하다. 박병선의 주장이 사실로 밝혀지면 독일과 구텐베르크가 각각 인류 최초의 금속활자 발명국과 발명가라는 사실이 더 이상 유효하지 않기 때문이다. 이것은 유럽인들의 자존심이 걸린 문제라 그들은 아마 이 기록을 양보하기 싫었을 것이다. 그래서 그들은 집요하게 박박사를 몰아세웠다. 그러나 만반에 준비를 다 하고 있었던 그는 이런 난관을 뚫고 직지의 정체를 알리고 인정받는 데에 성공한다. 크나큰 쾌거의 순간이었다. 그러면 지금부터 그런 박병선과 그가 발견하고 전 세계에 알린 직지를 찾아서 긴 여정을 떠나보자.

세계에
빛을 발한
업적

열정과 헌신,
드라마틱한 재탄생

한국문화에 어느 정도 관심 있는 사람이라면 박병선 박사가 어떤 분이며 그가 무슨 일을 했는지 알 것이다. 그러나 제대로 아는 것은 아니고 그저 그가 금속활자로 인쇄된 책을 발견했다는 것 정도만 알고 있는 것 같다. 그 이외에 직지가 어떤 책인지, 그 발견이 왜 대단한 것인지, 더 나아가 한국의 입장에서 박병선의 업적이 왜 귀중한 것인지 등에 대해서는 잘 알지 못한다. 그뿐만 아니라 그가 그 책을 발견하고 그 책이 금속활자 인쇄본이라는 것을 밝히기 위해 어떤 일을 했는지에 대해서는 거의 무지한 실정이라 하겠다.

세계에 딱 한 권뿐

박병선이 발견하고 고증한 책은 잘 알려진 것처럼 현존하는 세계 최고의 금속활자 인쇄본인 『직지심체요절』이다. 이 사실에 별로 관심을 두지 않는 사람은 이 책이 이러한 타이틀을 획득하게 된 과정이 쉽게 이루어졌을 것으로 생각하기 쉽다. 그러나 이 같은 세계적인 서책이 발견되고 현존하는 가장 오래된 금속활자 인쇄본이라는 것이 증명되는 과정이 순탄하게 진행됐을 리가 없다.

그런데 이 주제에 대해 서술한 자료에는 대부분 이 책이 박병선에 의해 프랑스 국립도서관에서 발견되었고 자연스럽게 현존하는 최고의 금속활자 인쇄본으로 인정받은 것처럼 적혀 있다. 그러나 세계적인 이 사건을 세세하게 들여다보면 우리가 생각하는 것보다 훨씬 더 드라마틱하게 진행된 것을 알 수 있다. 더 중요한 것은 만일 박병선이라는 인물이 있지 않았다면 이 세계적인 사건이 발생하지 않았을 것이라는 것이다. 그의 열정과 헌신적인 노력이 아니었다면 지금 한국인은 물론이고 세계인들은 직지라는 보물을 만나지 못했을 것이다.

잘 알려진 대로 직지는 주한 초대 (대리)공사로 있었던 플랑시가 19세기 말에 구입했고 그것이 여러 과정을 거친 끝에 프랑스 국립도서관에 기증되어 보관되어 있었다. 그런데 한국인들은 그 책이 거기에 있는지 모르고 있었던 것 같다. 그렇지만 그런 책이 있다는 사실은 알고 있었을 것이다. 왜냐하면 이 책이 플랑시와 꾸랑이 같이 집필한 『조선서지』에 언급되어 있기 때문이다. 그러나 이 책의 정확한 소재에 대해서는 알지 못하고 있었던 것 같다.

자기 집 금고에 순금 덩어리가 있는지 모르는 가난한 사람이 있었다. 이 사람은 순금을 갖고 있으니 사실은 부자인데 자신이 그것을 갖고 있다는 사실을 모르니 가난하게 살 수밖에 없었다. 직지를 보관하고 있었던 프랑스 국립도서관이 꼭 이런 격이다. 자신들이 세계적인 보물을 갖고 있었는데 전혀 모르고 있었거나 아니면 애써 그 사실을 간과하고 있었으니 말이다. 직지 같은 책을 소유한 기관이 있다면 그 기관의 입장에서 볼 때 그것은 대단한 영광이 아닐 수 없다. 전 세계에 딱 한 권만 있는 책을 갖고 있으니 말이다.

박병선은 이 같은 문제가 있는 현실을 타개했다. 그는 도서관에 파묻혀

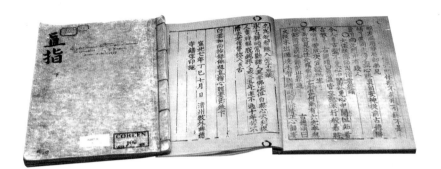

21-직지심체요절

있었던 직지를 발견했을 뿐만 아니라 부단한 노력 끝에 이 책이 금속활
자로 인쇄된 것이라는 것을 밝혀냈다. 이 과정에 대해서는 뒤에서 상세
히 보겠지만 그가 행한 일은 어떤 칭송으로도 부족할 것이다.

 직지가 가장 오래된 금속활자 인쇄본이고 1377년에 한국에서 인쇄되
었다는 사실은 이 책의 겉표지에 쓰여 있었다고 했다. 그것이 적혀 있게
된 배경은 다음과 같다. 직지는 원래 상하 권 두 권으로 되어 있었다. 그
러나 현재는 하권만 전하고 있는데 하권도 겉표지가 누락되어 다른 종이
를 덧대어 놓았다. 이 표지는 원본의 것이 아니었기 때문에 직지를 구입
한 플랑시(혹은 모리스 꾸랑)가 자신의 필적으로 이 책에 대한 정보를 적
었던 것 같다. 플랑시는 직지를 구입할 때 이 책이 가장 오래된 금속활자
인쇄본이고 1377년에 한국에서 인쇄되었다는 사실을 알고 있었던 것 같
다. 그래서 표지에 그렇게 적은 것이리라. 이에 대해서는 곧 자세하게 다
루니 그때 다시 보기로 하자.

알면서도 간과한 일

그런데 프랑스 국립도서관 사서들은 이런 사실을 알면서도 이 책에 대해 더 이상 캐지 않았다. 여기에는 두 가지 정도의 이유가 있었을 것 같다. 하나는 프랑스 국립도서관 사서들이 한문에 무지했고 더 나아가서 한자로 된 금속활자와 관계된 인쇄술에 대해서는 완전히 문외한이었기 때문일 것이다. 그러니 그들은 직지의 정체를 파헤칠 엄두가 나지 않았을 것이다.

또 다른 이유로는 사서들의 자존심을 들고 싶다. 그들은 유럽인이자 프랑스인으로 자신들의 문화에 대해 상당한 자부심을 가지고 있었을 것이다. 그런 그들은 세계 최고의 금속활자 인쇄본은 구텐베르크가 만든 "42행 성경"이라고 굳게 믿고 있었다. 그들 생각에 금속활자 같은 최고의 문화물은 문화적인 수준이 높은 유럽에서나 발명될 수 있는 것이지 한국 같은 동북아시아의 작은 나라에서는 나올 수 없는 일이라고 여겼을 것이다. 그러니 직지의 표지에 이 책이 최고의 금속활자 인쇄본이라고 쓰여 있어도 그 사실을 있을 수 없는 일로 치부하고 간과한 것 아닐까 한다.

그러나 만일 이 책의 표지에 이 책이 유럽의 어느 나라에서 간행된 책이고 동시에 가장 오래된 금속활자 인쇄본이라고 쓰여 있었다면 이 도서관의 사서들이 이 책을 그처럼 무심하게 대하지 않았을 것이다.

순탄치 않았던 '최고(最古)'의 증명과 인정

박병선은 유럽인들의 이러한 선입견, 즉 한국이 가장 오래된 금속활자 인쇄본을 산출한 나라가 될 수 있을까 하는 의구심과 싸워야 했다. 그러려면 그는 어떻게 해서든 직지가 금속활자 인쇄본이라는 것을 과학적으로 증명해야 했다. 당시 프랑스에는 서지학에 밝은 사람들이 여럿 있었을 것이다. 그런데 앞에서 말한 것처럼 그들 가운데 이 책에 몰두한 사람은 아무도 없었다.

그에 비해 박병선은 직지의 나라인 한국에서 온 사람이었으니 유럽인들과 입장이 많이 달랐다.[1] 외국에서 살면 애국자가 되는 법이라 박병선도 직지가 한국에서 간행된 현존하는 최고의 금속활자본이라는 것을 밝히고 싶었을 것이다.

그런데 박병선은 이 책을 만나기 전까지는 인쇄문화에 대해서 아는 바가 거의 없었다. 그것은 당연한 일이다. 그는 한국의 역사와 민속을 연구하는 학자이었지 활자나 인쇄술 같은 분야를 전공한 학자는 아니기 때문이다.

여기서 박병선의 위대성이 또 드러난다. 한 번도 접하지 않았던 새로운 주제, 즉 인쇄술에 대해 연구하기 시작했으니 말이다. 이것은 대단한 모험이고 더 나아가서 무모한 일일 수 있었다. 자신의 전문분야가 아닌 것을 뒤늦게 독학으로 공부해서 세계의 학자들과 겨루는 일은 사실 매우 위험한 일이다. 다른 학자들은 그동안에 이루어졌던 연구 결과를 전부 숙지하고 있기 때문에 그런 사람들을 대적하는 일은 대단히 힘든 일이다. 그런데도 박병선은 이 지난(至難)한 일에 뛰어들었다. 그리고 마침내 그의 의도를 관철했다. 직지가 현존하는 세계 최고의 금속활자 인쇄본임을 밝힌 것이다.

덕분에 영예를 얻은 두 집단
박병선은 자신의 작업으로 두 부류의 집단에게 큰 영광을 안겨주었다.

---

1) 그가 1967년에 속칭 '동베를린 공작단 사건(동백림사건)'에 억울하게 연루되어 신변 보호 차 프랑스로 귀화한 것은 잘 알려진 사실이다.

먼저 프랑스 국립도서관에 크나큰 영예를 안겼다. 이것은 당연한 일이다. 전 세계에서 하나밖에 없는 책을 이 도서관이 소장하고 있으니 말이다. 이런 책은 그것을 갖고 있는 기관이나 나라에게 명예스러운 일이라 그 책의 국적은 별로 중요하지 않다. 예를 들어 미국 뉴욕의 메트로폴리탄 박물관도 그곳에 있는 수많은 나라의 유물 때문에 대단한 박물관이라고 하는 것이지 그 유물들의 국적은 별 의미가 없다.

프랑스가 이 보석 같은 책을 소유하게 된 것은 프랑스 국민들의 높은 문화 의식에 힘입은 바가 크다. 프랑스의 국립도서관에 이런 책이 있다는 것은 프랑스가 얼마나 인문학적으로 높은 문화를 갖고 있는지를 보여준다고 하겠다. 프랑스 국민들의 문화적 수준이 높았기에 인문학을 전공하지도 않은 플랑시 같은 외교관이 이 책의 진가를 알아채고 수집한 것이다. 그러나 프랑스의 역할은 거기까지이고 이 책이 최고의 금속활자 인쇄본으로 밝혀지면서 프랑스 국립도서관이 큰 명예를 얻게 되는 것은 전적으로 박병선의 공로다.

박병선이 두 번째로 영광을 부여한 부류는 말할 것도 없이 한국인이다. 한국인들은 이 책 덕분에 한국이 금속활자를 처음으로 발명한 국가임을 당당하게 알릴 수 있게 되었다. 그동안 한국인들은 한국 안에서만 인류 역사상 자신들의 조상이 금속활자를 처음으로 만들어 사용했다고 주장했다.

그런데 그 주장은 문헌에만 근거한 것이기 때문에 국제적으로 인정받기가 어려웠다. 잘 알려진 것처럼 1234년에 인쇄된 것으로 전해지는 『상정예문』이 그것인데[2] 그럼에도 불구하고 현물이 남아 있지 않아 국제학

---

2) 이 책은 구텐베르크의 "42행 성경"보다 약 200년 앞서 출간된 것이다.

계에서는 전혀 인정받지 못하고 있었다.

그러던 차에 박병선이 직지를 발견하고 혼신의 노력을 기울여 이 책이 가장 오래된 금속활자 인쇄본이라는 것을 밝혀낸 것이다. 따라서 그의 노력 덕분에 한국인들은 자신들의 나라가 최초의 금속활자 발명국이라는 역사적 사실을 더욱더 강하게 주장할 수 있게 되었다.

논리적으로 볼 때 직지가 현존하는 가장 오래된 금속활자 인쇄본이라고 해서 한국이 금속활자의 최초의 발명국이 되는 것은 아니다. 그 이전에 다른 나라에서 금속활자를 먼저 발명했지만 현물이 남아 있지 않는 경우도 있을 수 있기 때문이다. 그러나 그러한 책은 아직 어디서고 발견되지 않았다. 따라서 한국은 박병선 덕에 현존하는 최고의 금속활자 인쇄본을 산출한 나라가 되었고 그 결과 인류 최초의 금속활자 발명국이 될 수 있는 개연성이 매우 커지게 되었다.

금속활자의 발명,
그 세계사적인 의미

금속활자 발명은 세계 최대의 사건이라 할 수 있다. 우리는 인류 문화사에서 금속활자의 발명이라는 것이 어떤 의미를 갖는지 잘 모르고 있는 듯하다. 금속활자의 발명을 그저 여러 발명 가운데 하나로만 여기는 것 같다는 말이다. 하기야 금속활자 같은 까만 납덩이가 무슨 중요한 발명품이 될 수 있을까 하는 의구심을 가질 법하다. 그러나 문명사가들의 생각은 달랐다.

1위, 인류사 최대의 사건

일례를 들자면 미국의 유명 잡지사인 "타임"에서 발행한 '더 라이프 밀레니엄(The Life Millennium)'에서 지난 천 년 동안 세계를 변화시킨 100개의 사건 가운데 금속활자의 발명을 가장 위대한 발명으로 꼽은 것이 그것이다. 이 잡지사에서는 20세기에서 21세기로 바뀌던 즈음에 지난 천년, 그러니까 서기 1000년부터 1999년까지의 기간을 정리하는 기사를 만들었다. 이 기사는 지난 천 년 동안 인류에게 가장 많은 영향을 준 사건 가운데 100가지를 골라 그 순위를 적었다.

그 가운데 1위를 차지한 것은 놀랍게도 금속활자의 발명이었다. 상식적으로 생각해보면 공산주의 혁명이나 종교혁명, 산업혁명 등이 훨씬 더 많은 영향을 미친 사건일 것 같은데 금속활자의 발명이 그 지위를 차지했으니 매우 의아한 것이다. 이 금속활자라는 것은 볼 품 없는 쇳덩어리에 불과한 것 같은데 그게 인류 역사를 바꾼 제일의 발명품이라고 하니 생경하기 짝이 없다.

그러나 조금만 더 생각해보면 금속활자의 발명이 왜 그런 영예를 차지하게 됐는지 알 수 있다. 그 이유를 간단하게 말하면, 금속활자의 발명을 통해 인류는 책을 다량으로 인쇄할 수 있게 되었고 그 덕에 지식이 유통되고 축적되는 놀라운 결과를 얻게 되었다. 그래서 과거와 비교해 볼 때 금속활자가 발명된 이후에는 정보와 지식이 홍수를 이루게 되었다. 사정이 이렇게 되니까 사람들은 정보를 이전보다 쉽게 접할 수 있게 되었고 그 결과 더 많은 사람들이 정보를 폭넓게 공유하게 된다.

그러면 구텐베르크가 금속활사를 만들기 전에는 출판 상황이 어땠을까? 당시에 책이라는 것은 최상층의 귀족이나 사제에게만 해당되는 것이었다. 이유는 간단하다. 만들기 어렵고 만드는 데에 돈이 많이 들었기 때문이다. 당시는 책을 필사했기 때문에 이런 책을 만드는 데에 많은 돈이 들었을 뿐만 아니라 시간도 많이 걸렸다.[3]

그러나 금속활자가 나타나자 이러한 환경에 큰 변화가 일어났다. 책의 인쇄 속도가 빨라지고 값도 싸져 개인들이 어렵지 않게 많은 책을 접할 수 있었다. 그렇게 되니 지식의 전파가 엄청나게 빨라졌다. 따라서 새로운 이론이나 정보가 나오면 그 유통이 매우 빠르게 나타났고 그것을 접한 사람들 사이에 소통이 활발해지면서 지식이 정교해지고 지식의 축적

---

3) 당시 양피지에 필사를 해서 책 한 권을 만드는 데에 현재 돈으로 수백만 원이 든다는 주장이 있다.

이 이어졌다.[4]

그런데 지금까지 말한 변화는 서양에서 일어난 것을 말하는 것이지 아랍이나 인도, 중국 등 동양에서 일어났던 일은 아니다. 한마디로 말해 서양은 구텐베르크의 금속활자 발명 이후 종교개혁이나 시민혁명, 과학혁명 등을 통해 엄청난 발전을 이루게 된다. 예를 들어 종교개혁을 일으킨 마르틴 루터의 주요한 저술들은 구텐베르크가 발명한 금속활자로 다량으로 인쇄될 수 있었다. 이렇게 많은 책이 인쇄될 수 있었던 것은 금속활자가 아니면 가능하지 않은 일이었다. 이렇게 해서 루터의 주장은 유럽 각지로 퍼져나갔고 그 결과 종교개혁에 많은 힘을 실어주었을 것이다. 이처럼 서양은 금속활자의 발명 이후 엄청난 변화를 겪게 된다. 개인적인 생각이지만 서양은 이때를 기점으로 동양을 추월하기 시작하는 것 아닌가 하는 추측을 해본다. 서양은 그 이후에 산업이나 과학이 비약적으로 발전해 드디어 지구촌 문명을 대표하는 문명으로 자리 잡게 되었다고 하면 지나친 억측일까?

그에 비해 한국(그리고 중국)에서는 이러한 변화가 일어나지 않았다. 다시 말해 금속활자의 발명이 사회가 발전하는 계기로 연결되지 않았다는 것이다. 이것은 직지가 지닌 명백한 한계인데 이 점에 대해서는 뒤에서 상세하게 설명할 것이다. 그러나 사정이 그러하다 해도 한국은 세계에서 처음으로 금속활자를 만들고 그것으로 책을 인쇄한 국가가 아닌가? 따라서 한국은 이 금속활자 덕에 과거에 대단히 찬란한 역사를 지니고 있었다는 영예를 갖게 되었다.

<hr />

4) 흥미롭게도 이 금속활자 인쇄기술이 보편화되는 것을 가장 우려한 집단이 가톨릭 사제라는 설이 있다. 당시까지는 '성경'을 해석하는 일을 사제만 해왔는데 인쇄술의 발달로 '성경'이 보급되면 일반인들도 같은 일을 할 수 있기 때문이다. 그렇게 되면 교회의 권위가 실추되니 사제 집단들이 반길 리 없다.

이러한 영예를 갖게 된 것은 순전히 박병선이 직지라는 희유의 책을 발견하고 금속활자본이라는 사실을 증명한 덕분이다. 이 책은 이제 한국이나 프랑스만의 유물이 아니라 전 세계가 기리는 유물이 되었다. 그래서 2001년에는 유네스코 세계기록유산에 등재되었다. 여기에 재미있는 뒷이야기가 있다. 이 이야기를 통해 우리는 이 책이 얼마나 귀중한 책인지 알 수 있을 것이다.

나는 이 이야기를 유네스코 한국위원회의 관계자한테서 직접 들었는데 이 책을 심사 대상에 올려놓고 한국의 관계자들은 적잖이 걱정했다고 한다. 직지가 본국에 있지 않고 다른 나라에 있었기 때문에 이것이 결격 사유가 되어 선정되지 않을 수도 있다고 생각했기 때문이다. 그런 이야기를 전하자 이 책을 심사한 유네스코 관계자들은 그 책이 어디 있는가는 전혀 중요하지 않고 세계 최고의 금속활자 인쇄본이라는 사실만이 중요하다고 답했다고 한다. 그런 까닭에 이 책은 본국인 한국에 없지만 어렵지 않게 유네스코 세계기록유산에 등재되게 된다.

아랑곳 하지 않은 진정한 문화 영웅

나는 평소에 박병선을 두고 항상 한국의 문화 영웅이라고 한껏 칭송했다. 그가 한 일은 영웅 같은 위대한 사람이나 할 수 있는 일이기 때문이다. 뒤에서 자세히 보겠지만 그는 직지가 현존하는 세계 최고의 금속활자 인쇄본이라는 사실을 밝힘으로써 수많은 비난과 질시에 시달려야만 했다. 그뿐만이 아니다. 직지를 고증하고 수년이 지난 뒤 그는 『조선왕조의궤』를 발견하게 되는데 이 일로 인해 해고당하는 일까지 겪게 된다.

내막을 잘 모르는 사람들은 그가 직지를 쉽게 발견하고 그것을 1972년에 프랑스 국립도서관에서 열린 고서 전시회에 전시해서 세계 최고의 금속활자 인쇄본이라는 타이틀을 획득했다고 생각하기 쉽다.

그러나 그것은 사실이 아니다. 거기까지 가는 과정이 말할 수 없기 험난했기 때문이다. 박병선은 이 과정에서 그의 고국인 한국으로부터 어떤 지원도 받지 못했다. 그런가 하면 도서관 측으로부터는 지원은 고사하고 외려 의심의 눈초리만 받았다. 이런 귀한 책을 발견했으면 도서관 측으로부터 격려를 받았을 것 같은데 현실은 그렇지 않았다. 이 점도 뒤에서 상세하게 볼 것이다.

앞뒤 사정이 어찌 됐든 그는 이러한 난관에도 동요하지 않고 독학으로 금속활자 인쇄술을 연구하고 오랫동안 실험을 행해 마침내 직지가 금속활자 인쇄본이라는 사실을 밝혀낸다. 그래서 그가 영웅이라는 것이다. 주위의 질시나 외면에도 아랑곳하지 않고 자신의 의도를 관철시켰으니 대단하다는 것이다. 그리고 그것이 자신의 이득을 위한 것이 아니라 인류와 모국의 문화를 선양하는 데에 목적이 있었으니 이런 것이야말로 영웅의 진정한 모습이라 아니할 수 없다.

프랑스로 간 직지

직지와
외교관 플랑시

지금까지의 설명으로 우리는 박병선 박사가 무슨 일을 했고 그 일이 어떤 의미를 갖는지에 대해서도 알았다. 이제부터는 그의 작업을 구체적으로 보았으면 하는데 그 전에 이 직지라는 책이 어떤 것인지 잠깐만 보고 갔으면 한다. 직지에 대한 선(先) 지식이 있어야 박병선의 작업을 제대로 이해할 수 있기 때문이다.

그런데 직지라는 책이 갖고 있는 중요성은 그 내용이 아니라 그 책이 금속활자로 인쇄되어 있고 어떤 과정을 거쳐 박병선의 손에 들어오게 되었는지에 있다. 따라서 책 내용에 대한 설명은 가능한 한 줄이고 우리의 논의를 직지의 거취에 집중했으면 한다.

직지는 어떤 책인가?

직지의 본 제목은 『백운화상초록 불조직지심체요절』로서 꽤 길다. 앞에서 본 것처럼 이 책의 겉표지에는 현재 '직지'라고만 쓰여 있는데 이것은 이 책의 제목에서 가장 중요한 단어를 선정하여 붙인 것이다.

직지의 내용을 알려면 그 본래 제목을 풀어보아야 한다. 우선 직지의 저자(혹은 편자)는 본 제목의 맨 앞에 적혀 있는 백운화상이다. 백운(白雲)

빅토르 꼴랭 드 플랑시

은 고려 말, 즉 14세기에 크게 활약한 선승으로 이 책은 그가 1372년에 저술한 것으로 보인다. 이를 바탕으로 긴 제목을 풀면 다음과 같다. 『백운화상초록 불조직지심체요절』은 백운이 초록(抄錄), 즉 다른 책에서 가져와 편집한 책으로 그 내용은 붓다와 그 이후의 스승들이 직지심체(直指心體), 즉 마음의 본체를 직접 가리키면서 설한 가르침을 요약한 책이라는 뜻이다.

제목 풀이가 상당히 길어졌는데 아주 간단하게 말하면 직지는 백운이 역대 조사들이 쓴 책에서 좋은 내용을 골라 편집한 책이다. 당시에 선불교에 대한 책이 너무 많으니까 백운이 후학들을 위해 그 가운데에서 가장 중요한 것들만 추려서 정리한 것이다.

직지는 백운의 제자들이 충청북도 청주 외곽에 있는 흥덕사(興德寺)에서 1377년 금속활자로 인쇄했다.[5] 이 같은 사실은 책의 마지막 페이지에 나오는 문구로 알 수 있는데 여기에는 이 책이 이 절에서 만든 활자로 인쇄했다고 쓰여 있다.

그러나 안타깝게도 직지의 다음 행적에 대해서는 알려진 것이 없다. 직

---

5) 이 책을 인쇄한 사람은 백운의 직제자인 석찬과 달잠이다. 그들은 스승의 가르침을 세상에 널리 알리기 위해 직지 상하권을 인쇄하게 된다. 이 두 사람 가운데에서도 석찬은 백운을 최측근에서 보좌하던 비서 같은 존재였다고 한다. 그들에게 인쇄 경비를 댄 사람은 비구니인 묘덕으로 알려져 있다.

지가 그다음으로 모습을 드러낸 것은 잘 알려진 대로 플랑시가 수집할 때의 일이다. 이 시기를 연대로 따지면 19세기 말경인데 그렇다면 이 책이 인쇄된 이래 600년 이상의 세월이 지난 것이 된다. 그런데도 이 책은 건재했는데 어떻게 종이로 만든 책이 이렇게 오랜 기간 유지될 수 있었는지 신기하다.

직지에는 참선 수행자들에게 귀감이 될 수 있는 내용이 많아 주로 승려들이 읽었을 것이다. 그러면 책은 헐고 마모되기 마련인데 어떻게 600년 이상의 세월을 견딜 수 있었는지 놀랍기만 하다. 추측컨대 이것은 일단 좋은 종이를 썼기 때문에 가능했을 것이다. 고려의 종이는 중국에서도 최상품으로 인정받고 있었다. 또 하나의 가능성은 이 책이 불상의 복장(腹藏) 유물이었을 것이라는 것이다. 복장 유물이란 불상의 내부에 보관되어 있는 유물을 말한다. 만일 이 책이 불상의 복장 유물로 있었다면 책이 지금처럼 거의 훼손되지 않고 보존된 것이 설명된다. 불상 안에만 있었으니 사람의 손을 탈 일이 없었던 것이다. 그러나 더 이상의 구체적인 정보는 알려진 것이 없다. 즉 이 책이 어떤 불상에서 나왔는지, 발견된 다음에는 어떻게 유통됐는지에 대한 정보가 전혀 없다는 것이다. 따라서 이 책이 어떤 경로로 플랑시에게 도달했는지는 여전히 베일에 싸여 있다.

사정이 어찌 됐든 이 책은 소멸되지 않고 조선말까지 전해졌고 그 가치를 알아본 플랑시가 구입해 본국인 프랑스로 가져갔다. 그리고 지금은 누구나 아는 것처럼 프랑스 국립도서관에 잘 보관되어 있다.

진가를 어떻게 알았을까? 한문에 능통한 덕분에

직지가 박병선의 손에 들어가기까지 그 전 과정에서 가장 중요한 사람이 빅토르 꼴랭 드 플랑시(Victor Collain de Plancy)라는 것은 재론할 필요 없는 명약관화한 사실이다. 그는 외교관이었지만 프랑스 정부가 세운 '동방어학원'이라는 곳에서 중국어를 전공했기 때문에 한문으로 된 책들을 이해하는 데에 문제가 없었다고 전해진다. 그는 중국어에 꽤 능통했던 모양이다. 그가 조선으로 부임하기 전에 중국 상해에서 외교관으로 근무한 적이 있는데 그때 그는 중국어 통역을 했다고 한다.

이처럼 중국어에 능통한 그에게 직지가 당도한 것은 매우 다행한 일이었다. 그는 곧 이 책이 심상한 책이 아니라는 것을 알아챘을 것이다. 이 시점에서 궁금한 것은 직지가 어떤 곳(아마도 절?)에 있다가 어떤 경로를 거쳐, 혹은 어떤 거간꾼에 의해 플랑시의 손에까지 들어갔는지에 대한 것이다. 당시 어떤 계층의 상인들이 이러한 고서나 골동품을 다루고 있었고 그들이 전국적으로 어떤 망을 이루고 있었는지 궁금한데 이 자리는 그것을 논하는 자리가 아니니 지나쳐야겠다.[6]

앞에서 나는 직지의 경우는 한국인들이 프랑스인들에게 감사해야 한다고 했다. 만일 이 책이 계속해서 한국에 있었더라면 소실될 가능성이 컸기 때문이다. 19세기 말부터 한국은 정치나 문화 등 모든 것이 부실해져 한국인들은 자신들의 전통문화를 지켜내는 데에 관심을 돌릴 여유가 없었다.

게다가 수십 년 동안 혹독한 식민지 시대를 겪었고 극악한 전쟁을 3년 동안(1950~1953)이나 치렀다. 그러니 이 시기에 한국인들은 전통문화 보존에 신경 쓸 여력이 없었을 것이다. 그런가 하면 1960년대 이후에는 경제 개발에 집중하느라고 한국인들은 전통문화를 보존하는 데에 그다지

---

6) 이에 대해서는 플랑시가 지방 시찰을 갔다가 우연히 구입했다는 설이 있는데 확실한 것은 아니다. 유복렬(2013), 『돌아온 외규장각 의궤와 외규장각 이야기』 눌와, p. 15.
이 이외에도 플랑시가 길거리에서 직지를 구입했다는 설이 있는데 이것은 더 더욱 사실이 아닐 것이다.

신경을 쓰지 않았다.

따라서 이런 과정에서 이 책은 유실될 가능성이 매우 컸다. 그런데도 이 책은 살아남았다. 앞에서도 말했지만 한 권의 책이 600년 이상을 민간(불교 승가)에서 돌다가 보존되는 경우는 아주 드문 경우이기 때문이다. 그래서 앞에서 직지는 20세기 초에 플랑시에 의해 프랑스로 반출되었기 때문에 유실되는 운명을 피할 수 있었을 것이라고 추정한 것이다. 그런 까닭에 우리는 이 책에 대해서 프랑스 당국에게 반환해달라고 요청할 수 없다. 플랑시가 정식으로 돈을 주고 사 가지고 간 것이기 때문이다.

언제 구입했을까? 3대 공사로 근무할 때

직지는 앞에서 말한 것처럼 원래 상하 두 권이었는데 현재는 하권만 남아 있다고 했다. 그리고 하권도 겉표지가 누락되어 다른 종이를 덧대었다. 따라서 이 표지는 원본 것이 아니었기 때문에 플랑시(혹은 모리스 꾸랑)가 자신의 필적으로 이 책에 대한 정보를 적을 수 있었던 것 같다. 플랑시는 아마 이 책을 구입할 때 이 책이 가장 오래된 금속활자 인쇄본이라는 사실을 알고 있었던 모양이다. 그래서 그렇게 적은 것이리라.

그러면 플랑시는 직지를 언제쯤 구입한 것일까? 이것은 플랑시가 그의 밑에 있었던 모리스 꾸랑과 함께 만든 『조선서지』의 편집 시기를 보면 알 수 있다. 『조선서지』는 플랑시가 조선에 있을 때 수집한 책들에 대해 쓴 해제(解題)본이다. 이 해제본은 3권으로 구성되어 있고 1894년부터 1896년까지 3년에 걸쳐서 만들어졌다. 3권이나 되는 분량이라 한 번에 만들지 못하고 3년이라는 긴 세월 동안 만든 것이리라.

이 시점에서 우리는 플랑시가 조선에 언제 근무했는지 알아야 한다. 그러면 그가 언제 직지를 사서 프랑스로 가져갔는지 알 수 있을 것이다. 그는 조선에서 두 시기에 걸쳐 외교관 생활을 한다. 첫 번째 부임 시기는 1988년부터 1891년까지인데 당시 그는 대리 공사로 재임했다. 그러다가 1896년에 다시 조선으로 와서 3대 공사로 부임했고 그때에는 1906년까지 근무했다.

이렇게 보면 그는 『조선서지』를 프랑스에 돌아가서 만들었다는 추정이 가능하다. 그런데 우리는 직지가 이 책에 언급되어 있지 않다는 사실에 주목해야 한다. 이를 통해 우리는 그가 그때까지는 아직 직지를 손에 입수하지 못했을 것이라고 추론할 수 있다.

그런데 직지를 구입한 시기를 알 수 있는 결정적인 단서가 있다. 플랑시와 꾸랑은 1902년에 『조선서지』의 부록을 간행하게 된다. 이들은 왜 부록을 만들었을까? 1896년에 서지의 제3권을 냈는데 그해부터 플랑시는 3대 프랑스 공사로 조선에 근무하기 시작했다. 이때 그는 다시 조선의 서책을 사들이기 시작했을 것이고 그런 끝에 1902년에 이 새로 구입한 책들에 대한 해제를 만들어 『조선서지』의 부록으로 삼은 것이다. 그런데 그들이 사들인 책이 양이 많지 않아 단행본으로는 내지 못하고 부록으로 출간한 것이 아닌가 한다.

그런데 놀라운 것은 이 부록에서 직지를 언급했다는 사실이다. 이들은 직지에 대해 이렇게 적었다. 즉 이 책은 1377년에 청주에 있던 홍덕사라는 절에서 금속활자로 인쇄되었고 이 활자는 태종의 명령으로 만든 또 다른 금속활자인 계미자보다 26년 앞섰다고 기록했다.

이 부록의 출간연도가 1901년이라는 설도 있는데 박병선은 1902년이라고 밝히고 있어 나는 그의 설을 따랐다.[7] 이렇게 보면 직지는 플랑시

---

7) 박병선(2002), 『한국의 인쇄』, 청주고인쇄박물관, p. 86.

가 조선에 두 번째로 들어온 1896년부터 1902년 사이에 살았다는 추론이 가능해진다. 그는 1906년에 프랑스 공사 재직을 끝내고 모국으로 돌아갈 때 이 책을 비롯해 자신이 수집한 책과 다른 유물들을 모두 가지고 귀국했다. 플랑시는 이것들을 자신의 모교인 동방어학원에 기증했다고 하는데 직지는 기증하지 않고 가지고 있었던 모양이다.[8] 그는 이 책이 지니는 중요성을 잘 알고 있어 기증하지 않은 것으로 추정된다.[9]

조선 궁중 무희와의 슬픈 사랑 이야기

여기서 잠깐 직지와 직접적인 연관은 없지만 플랑시와 결혼까지 한 한국 여성 이야기를 하지 않을 수 없어 간략하게 그 러브스토리를 소개할까 한다.

이 사랑 이야기는 극적이고 슬픈 이야기라 주목을 끌지만 한국 역사상 최초의 한불(韓佛) 국제결혼(?)이라 더 관심이 간다. 이 이야기는 고종 임금 때 궁중 무희로 있었던 리진이라는 여성과 플랑시의 사랑이야기다. 우리가 이야기를 알 수 있는 것은 제2대 주조선 프랑스 공사를 역임했던 이폴리트 프랑댕이라는 사람이 쓴 『En Corée(한국에서)』라는 책 덕분이다.

그는 두 번째 프랑스 공사를 역임했기 때문에 선임자였던 플랑시에 대해 잘 알고 있었을 것이다. 그가 보기에도 이 두 사람의 사랑 이야기가 하도 극적이라 자신의 책에 남긴 것이리라. 여기에 소개하는 이야기는

8) 박병선의 증언에 따르면 플랑시가 기증한 책 가운데에는 『화성성역의궤』가 있었다고 한다. 그래서 박 박사가 한국에 있는 관계자에게 이 사실을 알렸더니 그들은 한국에도 그 책이 있다고 하면서 별 관심을 보이지 않았다고 한다. 그러나 프랑스 국립도서관에 있는 이 의궤는 금박으로 되어 있었고 인쇄도 훨씬 선명해 한국에 있는 것보다 훨씬 질이 좋았다고 한다.
9) 이 책은 1900년에 열린 세계만국박람회에 조선관에 전시되었다는 설이 있는데 반론이 있어 여기에는 그 사실을 거론하지 않았다. 반론은 다음의 문헌에 나온다. 이세열(2009),『잃어버린 직지를 찾아서』 이담, pp. 215~216.

프랑댕이 밝힌 것을 요약한 것이다. 그런데 이 이야기가 허구라고 주장하는 학자도 있다. 상명대의 주진오 교수가 대표적인 학자인데 그의 주장에도 일리가 있어 보인다. 이에 대해 KBS역사 역사 다큐멘터리 프로그램인 '한국사 전(傳)'은 프랑댕의 책에 나온 리진의 이야기를 사실로 보고 프로그램을 만들어 방영했다.[10] 그리고 상당한 고증을 거쳐서 리진이 실재의 인물이라는 것을 밝혀 나갔다.

나는 KBS 측의 주장을 지지하는 입장에서 그 프로그램에 나온 내용을 가지고 다음을 서술하려 한다. 내가 KBS의 입장에 따르는 이유는 고위 외교관을 지낸 프랑댕이 공연한 허구적인 내용을 자신의 저서에 남겼으리라고는 생각하지 않기 때문이다. 그는 자신이 조선에 있을 때 겪은 체험을 적기 위해 이 책을 저술했는데 여기에 자신의 동료 외교관인 플랑시에 대해 거짓 사실을 적었을 리 만무하다. 자신의 저서에 거짓을 적었을 경우 자칫하면 조선과 프랑스 양국의 외교 문제로 발전할 수 있기 때문에 서술에 신중을 기했을 것으로 생각된다.

사실 우리는 이 조선 여성의 정확한 이름을 알지 못한다. 단지 프랑댕의 책에 'Li-Tsin'이라고 적혀 있어 '리진'이라고 추측하는 것이다. 그런데 이를 두고 이 여인의 성이 이 씨이고 이름이 진이라고 지레짐작할 필요는 없겠다. 조선시대에 여자가 외자 이름을 갖는 것은 흔한 일이 아니기 때문이다. 게다가 궁중 무희는 노비와 같은 신분이라 성이 없이 이름으로만 불렸을 가능성이 크다. 따라서 리진은 성이 들어가지 않은 이름일 확률이 높다.

어떻든 조선 정부 초청으로 궁중 연회에 참석한 플랑시는 그때 춤을

---

10) "조선의 무희, 파리의 여인이 되다' (2007년 6월 23일 방영)

추던 리진을 보고 한눈에 반해버린다. 그런 끝에 그는 고종에게 리진을 양도해달라고 부탁했고 곧 그래도 된다는 윤허가 내렸다. 그 뒤에 그들이 같이 살림을 차렸는지 어땠는지는 모르지만 1891년 플랑시가 한국을 떠나면서 그녀도 같이 파리로 갔다.

파리 생활을 시작한 그들은 결혼했다고 하는데 프랑스 외교부 기록에는 플랑시가 독신으로 적혀 있었다. 이 때문에 앞에서 말한 주진오 교수는 리진이 허구의 인물이라고 주장한다. 이에 대해 다큐멘터리 팀은 당시 프랑스 정부는 자국의 외교관이 외국 여성과 결혼하는 것을 금했기 때문에 플랑시가 정식 결혼을 하지 않았을 것이라고 추정했다. 플랑시 같은 고위 외교관은 국가의 기밀을 많이 접할 터인데 그런 기밀이 외국인 부인을 통해 다른 나라에 누설될 수 있기 때문에 프랑스 정부가 국제결혼을 금지했다는 것이다. 이것은 일리가 있는 의견이라고 생각한다. 그런데 이 때문에 나중에 그들은 조선에서 생이별하게 된다. 이 이야기는 곧 다시 보게 된다.

파리 생활을 시작한 리진은 서구 사회를 하나둘씩 배워나간다. 아마 그녀는 영특했던 모양이다. 불어도 곧 습득했고 피아노도 배웠으며 사교계에서도 활발한 활동을 했다고 하니 말이다. 게다가 프랑스의 법과 기독교의 평등사상에 깊은 감명을 받았다고 전해진다. 당시 전근대 사회인 조선에 살았던 그녀가 보기에 파리는 신천지 같았을 것이다. 이것을 두고 어떤 학자는 그녀가 근대의식에 눈을 떴을 것이라고 추측하기도 한다.

그런데 그러는 가운데 그녀에게 우울증이 생겼던 모양이다. 고향을 오랫동안 떠나 백인들 사이에 살면서 향수가 깊어져 아마 그런 증세가 생겼던 모양이다. 그런가 하면 백인 여자들과 자신을 비교하면서 너무나 왜소한 자신의 신체에 열등감을 느꼈다는 이야기도 들린다. 그러던 중

플랑시는 다시 조선으로 떠나게 된다.

이것이 1894년 4월의 일인데 이때 리진도 당연히 동행한다. 플랑시가 두 번째로 공사직을 맡은 것인데 이렇게 마음을 먹은 데에 리진의 영향이 있었던 것은 아닌지 모르겠다. 그런데 사단은 여기서 벌어졌다.

조선으로 돌아오자 그녀는 플랑시와 헤어져 다시 무용수의 신분으로 강등된다. 이것은 아마 노비의 신분에 불과했던 그녀가 프랑스 외교관과 같이 다니는 것을 시기한 조선 관리들의 소행인 것 같다. 이때 플랑시가 어떤 태도를 취했는지는 알려지지 않았다. 추측컨대 플랑시가 리진을 잡아가는 관리를 막지 못한 것은 그녀가 플랑시의 정식 부인이 아니었기 때문이 아닐까 싶다. 앞에서 말한 대로 플랑시는 프랑스 정부에 자신은 독신이라고 밝히면서 리진과 결혼했다는 사실을 보고하지 않았으니 그는 공식적으로 조선 정부에 항의하지 못한 것 같다. 만일 리진이 플랑시의 정식 부인이었다면 조선 정부도 함부로 그녀를 잡아갈 수 없었을 것이다.

어떻든 이렇게 해서 리진은 다시 궁중에서 무용하는 미천한 신분으로 강등되었다. 그런데 그녀는 이미 파리에서 근대 문화를 향유하고 왔기 때문에 신분 강등을 참을 수 없었을 것이다. 그런 끝에 안타깝게도 그녀는 자살을 결심하고 실행에 옮기는데 앞서 인용한 다큐멘터리에서는 그녀가 금가루를 먹고 죽었다고 보고하고 있다(금가루를 먹으면 사람이 죽을 수 있다는 이야기는 여기서 처음 접해 매우 생소하다).

이것이 사실이라면 과연 당시 플랑시의 심정은 어땠을까 하는 의문이 생기는데 전해오는 것은 아무것도 없다. 이것이 플랑시와 리진의 사랑에 대한 전모인데 아직 그 진위는 논란 중에 있으나 이와 비슷한 일이 일어났을 개연성은 높으니 앞으로 더 많은 연구가 있으면 좋겠다.

골동품상 베베르를 거쳐 마침내 국립도서관으로

다시 직지의 거취로 돌아가서, 플랑시가 갖고 있었던 직지는 나중에 경매에 부쳐진다. 그때 골동품상인 앙리 베베르라는 사람이 180프랑을 주고 이 책을 샀다고 한다. 당시 180프랑이 지금의 화폐 가치로 얼마나 되는지 확실하지 않지만 박병선의 말로는 상당한 금액이라고 하는데 암만 그래도 180프랑은 아주 많은 금액은 아닌 것 같다.

그러다 이 베베르도 죽는데 그때 그는 아들에게 이 책만큼은 국립도서관에 기증하라고 부탁했다고 한다. 이것은 베베르 역시 이 책의 중요성을 알고 있었다는 것을 뜻한다. 그도 이 책의 겉면에 쓰여 있는 문장 때문에 이 책이 대단히 귀중한 책이라는 것을 알고 있었을 것이다. 그러나 당시에 이 문장 하나 때문에 직지가 현존하는 최고의 금속활자 인쇄본이라는 것을 인정하는 분위기는 전혀 아니었다고 박병선은 전한다.

추정컨대 직지의 경매가가 180프랑밖에 안 된 것이 바로 그 사정을 말해주는 것 아닐까 한다. 베베르가 이 책을 구입할 때 이 책이 세계 최고의 금속활자 인쇄본이라는 사실이 공식적으로 인정된 상태였다면 그 가격은 그야말로 천정부지였을 것이다. 그러나 그렇지 않은 것을 보면 이 책은 당시에 아직 세계 최고의 금속활자 인쇄본임을 인정받지 못했다는 것을 알 수 있다.

어떻든 이렇게 해서 이 책은 프랑스 국립도서관에 들어오게 되었고 이제 박병선의 눈에 들어오기만 기다려야 했다. 이 책이 당시 도서관 사서들에 의해 주목받지 못했던 이유에 대해서는 앞에서 이미 설명했다. 비록 책의 겉장에 이 책이 최고의 금속활자 인쇄본이라고 쓰여 있지만 그것을 증명한 연구가 없어 도서관에 그냥 방치되어 있었던 것이다. 다음의 주인공은 당연히 박병선이니 그에 대해 집중해서 보기로 하자.

직지,
마침내 그를 만나
가치를 발하다

1967년,
그를 만나기까지

    "직지의 대모"라는 별명을 가진 박병선이 직지를 발견하고 그 책이 금속활자 인쇄본이라는 사실을 밝히는 과정에 대한 자료는 의외로 많지 않다. 여기에서 특히 중요한 것은 직지가 금속활자 인쇄본이라는 것을 증명하기 위해 그가 기울인 노력이다.

    앞에서 본 것처럼 직지가 세계 최고의 금속활자 인쇄본이라는 것은 이미 플랑시가 밝혀 놓긴 했지만 그것은 심증에 그칠 뿐이었다. 따라서 그것을 물리적으로 증명하는 일이야말로 가장 중요한 일이라 하겠다. 박병선이 바로 이 일에 뛰어든 것인데 그가 이 일을 진행하는 과정에 대해 제삼자가 서술해 놓은 것은 거의 없는 형편이다.

    사정이 이렇게 된 것은 이 일이 매우 개인적인 차원에서 진행되었기 때문일 것이다. 만일 어떤 사람이 전문적으로 달라붙어 박병선의 일대기를 조사하고 그것을 단행본으로 냈다면 참고할 수 있는 자료가 될 터인데 앞에서도 밝힌 것처럼 그런 시도가 전혀 없었다.

    박병선이 이 일을 한 것은 한국사 전체에서 볼 때 매우 의미 있는 작업인데 지금까지 이 주제에 대해 전모가 밝혀지지 않은 것은 연구자들의 태만이라고 하지 않을 수 없다. 이렇게 문헌 자료가 없는 터라 나는 박병선의 작업을 밝히기 위해 그의 개인적인 구술에 의존하는 수밖에 없었다. 예를 들어 그가 대중을 상대로 한 강연 영상이나 신문사와 면담 나눈 기사 등이 그것인데 우리는 이런 것에서 이 사건에 대해 대강의 양상을 추출할 수밖에 없는 형편이다.

정체를 밝혀주기만 기다릴 수밖에

앞에서 말한 것처럼 직지가 세계 최고의 금속활자 인쇄본이라는 사실을 밝히는 일은 프랑스 국립도서관의 사서들의 입장에서는 별로 하고 싶은 일이 아니었을 것이다. 아니, 당시 이 사서들의 한문 실력이나 한국의 고서에 대한 지식, 그리고 한자로 된 금속활자 인쇄술에 대한 지식이 낮았기 때문에 그들은 이 작업을 하고 싶어도 할 수 없었을 것이라고 했다.

이렇게 추정할 수 있는 근거가 있다. 박병선은 1967년에 비록 임시직이지만 이 도서관의 사서로 일하게 된다. 그것은 도서관 측에서 그에게 한문으로 된 책들에 대한 조사를 부탁했기 때문이다. 도서관 측은 자료 조사차 도서관에 자주 오던 동양의 한 여학생인 박병선을 주목하고 그에게 1주일에 15시간씩 일하는 임시직을 제안했다고 한다. 이것으로 보면 당시 프랑스인 사서들은 한문 책자들에 대해 잘 모르고 있었다는 것을 알 수 있다. 만일 프랑스인 사서들 가운데 한문 책자에 대해 잘 아는 이가 있었다면 굳이 동양 여학생을 임시직으로 선발할 필요가 없었을 것 아니겠는가?

내 추측으로는 그들이 설혹 그만한 실력을 갖추고 있었을지라도 직지가 최고의 금속활자 인쇄본이라는 사실을 밝히고 싶지 않았을 것 같다. 첫 번째 이유는 앞에서 말한 것처럼 설마 한국이라는, 그들이 보기에 별 볼 일 없는 동양의 작은 나라가 금속활자 같은 최고의 문화물을 만들어

냈으리라고 믿고 싶지 않았기 때문이다. 그들은 그런 일은 가능하지 않다고 믿었고 그 결과 이 책의 표지에 쓰여 있는 정보를 무시했을 것이다.

그리고 그들은 이 책이 중국 책이라고 생각했을 것이다. 그래서 박병선이 이 책을 발견했을 때에도 이 책은 동양원서부 서고에 있었는데 프랑스 사서들은 이 책을 그저 수많은 중국 책 중의 하나로 생각했을 가능성이 크다. 그러니 이 책에 특별히 관심을 가지지 않은 것이리라.

프랑스인 사서들이 이 책에 대해 그다지 관심을 기울이지 않은 그다음 이유는 이 책이 금속활자로 인쇄되었다는 것을 밝혀내는 일이 매우 어려웠기 때문일 것이다. 이 책이 그렇다는 사실을 증명하려면 한자문화권인 중국(그리고 일본)의 인쇄문화에 대해 방대한 지식을 갖고 있어야 하는데 당시에 프랑스 국립도서관은 물론이고 프랑스 전체에 그런 지식을 갖고 있는 사람이 있었을지 매우 의심된다.

막연한 추측이지만 플랑시가 동방어학원에서 한문을 공부한 것으로 보아 당시 프랑스에는 한문에 밝은 사람이 있었던 것 같다. 그러나 한문으로 된 책을 이해하는 것과 한자 활자로 인쇄된 책의 연원을 밝히는 것은 전혀 다른 문제이다. 한문에 밝다고 해서 한문으로 된 금속활자 인쇄본에 대한 제반 사항을 알 수 있는 것은 아니기 때문이다.

따라서 나는 당시 프랑스에는 한문으로 쓰인 책의 인쇄문화에 대해 환하게 알고 있는 사람은 거의 없었을 것으로 추측한다. 때문에 직지는 동양 책 서고에서 잠자고 있으면서 박병선 박사가 자신의 정체를 밝혀주기만 기다리고 있었다.

약탈당한 조선의 외규장각 서책들을 찾아보시게

1920년대에 태어난 박병선(1929~2011)은 1940년대 후반에 서울대학교 사범대학에서 역사를 전공했다.[11] 1950년에 이 학교를 졸업한 그는 1955년에 국비 유학생으로서는 여성 최초로 프랑스 파리로 유학을 떠난다. 그리고 그는 1959년에는 소르본느 대학을 졸업하고, 1962년에는 벨기에에서 루뱅대를 졸업했다고 하는데 마지막으로는 1971년에 파리 7대학에서 "사적으로 본 한국의 민속학"이라는 논문으로 역사학 박사학위를 받았다고 전해지고 있다.

그런데 여기서 중요한 것은 그가 무슨 대학을 다녔고 무엇을 전공했는가가 아니라 프랑스 유학 중 어떤 경위를 거쳐 이 직지를 발견하게 됐는지에 대한 것이다.

박병선이 직지를 찾게 되는 과정은 비교적 잘 알려져 있어 설명이 많이 필요하지 않을 것이다. 그는 프랑스로 유학가기 전에 은사인 이병도 교수로부터 다음과 같은 말을 듣고 조선의 서책에 대해 비상한 관심을 갖게 되었다고 전해진다. "병인양요(1866년 발생) 때 프랑스 해군이 강화도의 외규장각에 있던 조선의 서적을 약탈해 갔는데 그것들을 찾아보라"는 것이 그것이다.

이병도 교수는 당시 최고의 한국사 학자였다. 그는 일제기에 총독부 산하 '조선사편수회'에서 활동한 경력 때문에 식민사학의 영향을 받았다는 비난을 많이 받았지만 어떻든 한국사 연구에서 새로운 지평을 연 학자로 평가받는다. 그런데 여기서 작은 의문이 생긴다. 그는 당시 서울대 문리대 사학과 소속의 교수였다. 그런데 박병선은 사범대 학생이었다. 그러니까 이 두 사람은 소속된 대학이 달랐는데 이병도 교수는 어떻게 타 대학

11) 서울대 사범대학 홈페이지에 따르면 사범대학은 1946년에 창설되었는데 당시 역사과는 따로 없었다. 역사과는 사회생활과 안에서 운영되었다고 한다(1950년에 역사과로 독립). 사회생활과 교수진과 학생 대다수가 역사전공이었다고 하는데 학과 이름이야 어찌 되었든 간에 중요한 것은 박병선이 이곳에서 역사(한국사)를 전공했다는 사실이다.

소속 학생에게 이 같은 제안을 할 수 있었을까?

여기에는 다음과 같은 추론이 가능할 것이다. 박병선은 학부 때 문리대에 가서 이 교수의 강의를 들었을 가능성이 크고 만일 그것이 사실이라면 두 사람은 서로 아는 사이일 수 있다. 그러나 그 친밀도는 알 수 없다. 물론 그가 이 교수의 강의를 듣지 않았을 수도 있지만 어떻든 박병선이라는 졸업생이 1955년에 국비로 프랑스에 유학을, 그것도 역사학을 전공하러 유학 간다는 소식은 서울대학의 입장에서는 상당히 센세이쇼날한 소식이었을 것이다.

당시는 전쟁이 끝나고 2년밖에 지나지 않은 때로 한국은 세계에서 가장 가난한 나라였다. 그런데 서울대 안에서 외국, 그것도 유럽의 선진국인 프랑스에 유학 가는 학생이 나왔으니 서울대의 문리대와 사범대에서는 인구에 크게 회자됐을 것이다. 그 자연스러운 결과로 박병선의 유학 소식을 들은 이병도 교수가 그에게 앞서 말한 조언을 하지 않았을까 하는 추측을 해본다.

당시 한국사 학자들은 병인양요 때 프랑스 해군이 강화도에 있는 외규장각에서 왕실의 주요 도서들을 훔쳐 갔다는 사실을 알고 있었다. 그래서 이 교수는 졸업생 박병선이 파리에 유학 가게 되었으니 그 도서들의 행방에 대한 조사를 부탁한 것이리라.

그때만 해도 한국은 가난한 나라이었기에 일반인들이 해외에 나가는 것은 매우 어려운 일이었다. 교수도 마찬가지였다. 그런데다가 외규장각의 책을 찾는 작업은 시일이 오래 걸리는 일일 터라 그에 드는 비용도 만만치 않았을 것이다. 당시 한국의 교수들에게는 그렇게 오랫동안 해외에 체류할 만한 여유가 없었을 것이다. 그러던 차에 역사학을 전공한 한 졸업생이 프랑스로 유학간다고 하니 수색을 부탁한 것이리라.

직지 대모, 드디어 그의 눈앞에

이병도 교수의 말씀을 가슴에 새겨 둔 박병선은 모리스 꾸랑이 지은 『조선서지』에서 '병인양요 때 가져간 서책은 모두 국립도서관에 기증했다'는 기록을 접했다. 그래서 그 책들을 프랑스 국립도서관에서 찾을 마음을 가졌던 것 같다. 그런 생각을 갖고 유학 중에도 도서관을 자주 드나들었는데 앞에서 말한 것처럼 그는 졸업 후인 1967년에 마침 도서관 측에서 임시직이지만 사서로 일해달라는 부탁을 받는다.

절호의 기회였다. 그는 이 기회를 살려 그 책들을 찾을 요량으로 그들의 청을 받아들였다. 그리고 조사에 착수했는데 수장고와 창고 등에 보관된 수많은 책들을 뒤졌지만 프랑스가 훔쳐 간 조선왕조의 외규장각 도서들은 쉽게 모습을 드러내지 않았다. 반면 뜻밖의 책이 실로 오랫동안 그곳에서 그를 기다리고 있었다.

사서로 일을 시작한 바로 그해에 직지를 찾은 것이다. 직지가, 훗날 '직지 대모'라는 수식어가 붙는 그의 눈에 발견되는 엄청난 사건이 벌어진 것이다. 직지는 중국 책 서고에 있었다. 박병선은 한자로 쓰인 외규장각 도서들을 찾기 위해 중국 서고부터 뒤졌을 터인데 그때 직지가 발견된 것이다. 당시 직지는 안타깝게도 먼지만 잔뜩 쌓인 상태로 방치되어 있었다고 한다. 우리의 직지는 도서관 측으로부터 아무 관심도 받지 못한 채 그렇게 대모에게 발견되기만을 기다리고 있었던 것이다.

직지를 처음 발견했을 때 박병선의 심정은 어땠을까? 그는 『조선서지』를 통해 이 책의 존재에 대해서는 이미 알고 있었다고 했다. 그러나 그 소재지를 전혀 모르고 있었는데 외규장각 도서를 찾다가 문득 우연히 발견하였으니 그 기쁨이 얼마나 컸을까?

그는 직지가 프랑스 국립도서관에 있으리라고는 예측하지 못했을 것이다. 그런 상태에서 이 책을 발견하고 마지막 페이지에 있는 '청주외목 흥덕사 주자인시(淸州牧外 興德寺 鑄字印施)'라는 문구를 보며 이 청주가 바로 한국의 충청북도에 있는 청주라는 것을 알아차린 순간 그의 기분이 어떠했을지 짐작이 간다.

그런데 그때 박병선은 직지가 최고의 금속활자 인쇄본일 수 있다는 가능성은 탐지했지만 플랑시나 꾸랑이 주장한 것만으로는 이 책이 금속활자 인쇄본이라는 것을 공표할 수 없다는 사실을 절감했다. 그 사실을 주장하려면 정교한 고증 작업이 있어야 하기 때문이었다. 게다가 당시에는 청주 교외에 흥덕사라는 절이 있다는 역사 기록도 없었다. 『고려사』 같은 역사책에 흥덕사에 대한 언급이 있었다면 이 직지가 최고의 금속활자 인쇄본이라는 사실을 주장하는 데에 힘을 실을 수 있을 터인데 그렇게 할 수 없었던 것이다.

그런데 너무나 놀랍게도 1985년에 청주 지역의 택지개발을 하는 공사장에서 흥덕사 터를 발견하는 일이 발생했다. 직지가 이 절에서 인쇄되었다는 확실한 증거를 갖게 된 것이다. 이로써 직지는 세계에서 제일 오래된 금속활자 인쇄본이라는 사실이 확고해졌다.

1972년,
공인 받기까지

직지를 발견한 박병선은 처음에는 이 책이 금속활자로 찍은 유일한 인쇄본인 줄 몰랐다고 한다. 그럴 수밖에 없는 것이 당시 그는 금속활자 인쇄에 대해서 전혀 아는 바가 없었기 때문이다. 그렇다고 한국의 학계에서 이 주제를 가지고 면밀한 연구를 진행했던 것도 아니었다. 주밀한 연구는커녕 한국에는 금속활자 인쇄술에 관해 기초적인 연구도 되어 있지 않은 형편이었다.

당시 그는 이렇게 생각했다. 직지는 활자로 찍은 것이니 충분히 다른 본이 있을 수 있다고 말이다. 그러니 이 책만이 유일한 금속활자 인쇄본이라고 주장할 수 없었던 것이다.

역사의 한 가운데에 선 그

그러나 사정이 어찌 됐든 이 책이 금속활자 인쇄본이라는 것을 증명하면 구텐베르크의 책보다 78년이 앞선 것이 된다. 박병선에 따르면 그때까지는 플랑시든 꾸랑이든 베베르든 모두 '만일' 이 책이 진짜라면 현존하는 세계 최고의 금속활자 인쇄본이 된다고 하면서 항상 '만일'이라는 단어를 붙여서 말했다고 한다. 비록 이 책의 마지막 페이지에 이 책이 금속활자로 인쇄되었다는 기록이 있지만 그것만으로는 사람들이 믿으려고 하지 않았다고 한다. 앞에서 언급한 대로 특히 유럽인들은 그것을 믿고 싶지 않았을 것이다. 그런 이유에서였던지 그가 이 책이 현존하는 세계 최고의 금속활자 인쇄본이라고 동료들에게 말하면 그들은 말도 안 된다고 하면서 전혀 동조하지 않았다고 한다.

난감해진 박병선은 한국에 있는 지인들에게 편지를 써서 도움을 요청했다. 그는 한국에 금속활자와 관련된 연구 자료나 기사가 있느냐고 물었다. 그랬더니 지인들은 별 관심을 기울이지 않았다고 한다. 아마도 이 주제에 관해 연구된 것이 없어 지인들도 호응을 할 수 없었을 것이다.

이때 그는 많은 낙담을 한다. 연구 자료가 없어 낙담한 것도 있지만 자신에게 이 금속활자 인쇄 분야는 완전히 새로운 분야라 뛰어들 용기가 나지 않았다고 술회했다. 이것은 당연한 것 아니겠는가? 이 분야는 그가 이전에 한 번도 접해보지 못한 분야인데 어찌 쉽게 뛰어들 수 있겠는가? 게다가 만일 이 책이 구텐베르크의 인쇄본보다 78년 앞서 인쇄된 책이라는 것이 밝혀지면 이는 세계사의 한 페이지가 뒤바꾸는 엄청난 역사적 사건이 된다. 그러니 이런 현실 앞에서 그 분야의 문외한인 그가 용기를 낼 수 없다고 한 것은 당연한 일이다.

그때 그는 역사의 한 가운데에 서 있다는 느낌을 받으면서 엄청난 중압감을 체감했을 것이다. 그런 상황에서 보통의 우리들은 압력에 못 이겨 그냥 덮어놓고 모르는 체하기 쉽다. 직지가 금속활자 인쇄본이라는 사실을 밝혀내는 일도 어려운 일이지만 그 이후에 있을 후폭풍을 생각하면 더더욱 용기를 내기 힘들었을 것이다. 만일 이 일이 성공하게 된다면 유럽, 그중에 특정해서 독일이 금속활자의 최초 발명국이라는 영예를 빼앗기게 되니 선선히 그 사실을 받아들일 리가 만무했기 때문이다.

홀로 외롭게 고군분투하는 그

그런데 다행히도 박병선은 칼을 뽑아 들었다. 직지가 금속활자 인쇄본이라는 사실을 밝히기로 마음먹은 것이다. 이에 대한 사연은 문서로 정리된 것은 없고 그가 강연할 때 술회한 것에서 부분적으로 발견할 수 있을 뿐이다.[12]

그는 한국에 금속활자 인쇄에 관한 자료가 전혀 없자 같은 한자문화권인 중국과 일본에서 자료를 모았다고 한다. 그는 한국사를 전공했으니 다행히 한문이나 일어를 이해하는 데에는 문제가 없었다. 그렇다고는 해도 한문으로 된 책은 읽는 데에 시간이 오래 걸리는 법이다. 그가 어떤 자료를 어떻게 보았는지는 모르지만 그의 증언에 따르면 시간을 '무지하게' 많이 들였다고 한다. 게다가 그는 당시 박사학위를 위해 공부하는 중이었을 것이고 또 도서관에서 일도 하고 있었으니 고활자 연구에 들이는 시간이 부족했을 것이다.

당시의 상황에 대해 박병선 박사는 어떤 신문과의 면담에서[13] 이렇게 말하고 있다. 당시 자신은 시간이 너무 없어서 커피와 빵만 먹으면서 잠과 식사 시간을 줄였다고 한다. 그러니까 그 정도로 조금 먹고도 지탱할 수 있게 가외의 것을 줄인 것이다. 그렇게 몰입하니 정신이 항상 팔려있어 장을 보러 갔다가 사려 했던 물품 중에 하나밖에 사지 않았는데도 다 샀다고 생각하고 그냥 돌아온 적이 한두 번이 아니었다고 한다. 그 정도로 그는 정신이 나가 있었다.

이런 진술을 통해 우리는 이 일에 대한 그의 몰입 강도가 얼마나 강했

---

12) 이 강연은 한국전통문화대학에서 "직지의 의미와 미래"라는 제목으로 열렸다(백강문화특강, 2010년 10월 20일)

13) 여성신문 2011년 12월 23일 자

는지 알 수 있다. 하기야 세계사의 한 페이지를 바꾸는 사건이 건성으로 해서 일어날 수 있겠는가? 이런 일에서도 그의 영웅적인 면모가 보인다.

그가 그렇게 책을 가지고 연구했건만 책에 있는 이론만 가지고는 부족했던 모양이다. 실물을 접하지 않고는 확실한 증거를 내놓을 수 없었던 것이다. 금속활자라는 것이 도대체 어떻게 생겼고 어떤 과정으로 만들어지는 지에 대해 직접 경험해보기 전에는 자신 있게 직지가 금속활자 인쇄본이라고 주장할 수 없었던 것이리라.

그런 생각 끝에 그는 주변에 있는 주물 공장에 견학 가서 주물 작업을 하는 모습도 직접 보았다고 한다. 그러나 이런 시도 역시 불충분하다는 것을 깨달은 그는 자신이 직접 활자를 만들어보기로 결정한다. 이런 그의 모습을 보면 그가 얼마나 주도면밀한 분인가를 알 수 있다. 인문학을 전공한 사람들은 책만 보고 살기 때문에 직접 실물 제작에 뛰어드는 일은 거의 하지 않는다. 그런데 박병선은 과감하게 이 일에 뛰어든 것이다.

이 작업을 위해 그가 한 작업은 몇 가지로 분류할 수 있다. 이에 대해 그는 여러 매체에서 설명했기 때문에 그 작업의 순서는 잘 모르겠다. 그러나 순서가 중요한 것은 아니고 직지가 금속활자 인쇄본이라는 것을 밝히기 위해 그가 얼마나 많은 노고를 기울였는지에 대해서만 알면 된다.

그는 파리 시내의 인쇄소와 신문사에서 금속활자의 주형, 즉 활자를 만드는 틀을 얻어다가 집에서 직접 납활자를 만들었다. 그것을 종이에 찍어서 어떤 식으로 인쇄되는지 보고 싶었던 것이리라. 그러는 과정에서 집에 세 번이나 불을 냈다고 한다. 납을 녹이고 그것을 주형에 붓는 과정에서 불이 난 것 같다.

그런가 하면 간소한 활자라도 만들어보겠다는 의도 아래 지우개나 감자 등을 이용해 활자를 만들기도 했다. 또 흙으로도 활자를 만들었다고 하는데 원래는 이렇게 해서 만든 활자를 세라믹 오븐에 구워야 한단다. 그런데 그런 것이 가정집에 있을 리 없었다. 그래서 그냥 그 집 부엌에 있는 오븐에서 구웠고 그러다 오븐을 세 개나 망가뜨렸단다. 또 그러는 과정에서 어떤 때는 유리창을 깨서 집주인에게 싫은 소리를 듣기도 했단다. 많은 일을 겪은 것이다.

그런데 여기서 의문이 든다. 활자를 어떻게 구웠기에 오븐이 망가진 것인지 알 수 없다. 또 그러는 과정에서 유리창은 어떻게 하다 깨진 것인지도 궁금하다. 활자를 굽는데 왜 유리창이 깨진다는 말인가? 추정컨대 오븐이 터지면서 파편이 튀어서 유리창을 깬 것은 아닌지 모르겠다. 그럴 경우 배상해야 했을 터인데 이에 대해서는 더 이상의 언급이 없어 우리로서는 알 길이 없다.

내가 안타까운 것이 바로 이것이다. 우리는 이런 일을 철저하게 조사해서 기록으로 남겼어야 했다. 그런데 박병선이 타계한 지금 이 사정을 알 수 있는 방법이 없다. 그가 살아 있을 때 '박병선 재단' 같은 것을 만들어 그가 행한 모든 것을 철저하게 조사하고 그와 관련된 자료를 모았어야 했다. 그럼으로써 우리에게 어떤 영웅이 있었는지 후손들에게 알려야 했다. 그런데 그에 관한 단행본 하나 없는 지금 그런 것을 바라기에는 이미 늦었다는 생각이다.

어떻든 이러한 지난한 과정을 거쳐 그는 활자와 목판의 차이, 그리고 나무 활자, 또 흙을 구워 만든 도활자, 그리고 금속활자 등으로 인쇄할 때 어떤 차이가 있는지를 아는 데에 성공하게 된다.

이처럼 박병선은 없는 시간을 쪼개 연구하고 실험하느라 매일 밤을 새웠던 모양이다. 그러면 눈이 빨간 상태로 출근하게 되었는데 그 모습을 본 동료들이 어젯밤 울었냐고 묻곤 했다고 한다. 그는 이러한 지난한 과정을 거쳐 직지의 비밀을 밝혀낸 것이다. 게다가 그는 고국인 한국으로부터 도움은커녕 냉대를 받았다. 그렇게 철저하게 개인의 신분으로 안팎의 냉랭한 반응을 묵묵히 견디며 국가나 기관이 해야 할 그 큰 일을 홀로 해냈다. 그가 어떤 인터뷰에서 한 말처럼 이런 일을 개인이 한다는 것은 엄두가 나지 않는 일일 뿐만 아니라 실로 외롭고 어려운 일이다.

그가 행한 이 작업이 몇 년이나 지속됐는지는 잘 알려지지 않았지만 1972년에 세계 도서의 해를 기념해서 열린 도서전시회에 이 책을 내놓을 때까지 계속되었을 것으로 생각된다. 그러니까 최대 5년 동안 연구를 한 것이다.

나는 박병선이 행한 연구와 실험을 보면 한 사람의 집념이 얼마나 강한 것인지를 발견하고 놀라게 된다. 활자에 대해 아무것도 모르던 사람이 연구뿐만 아니라 직접 행한 실험과 작업을 통해 금속활자 인쇄의 전문가가 되어 아무도 하지 못한 일을 해냈으니 말이다. 게다가 그의 작업은 작은 학회에서 발표하는 정도가 아니라 전 세계인을 상대로 한 것이니 그 압박감이 어떠했을지 상상된다.

국제 사회에 당당히 알린 그

이러한 연구 끝에 직지가 금속활자 인쇄본이라는 것을 확신한 박병선은 이를 세계에 공표하기 위해 기회를 엿보고 있었다. 그러던 차에 마침 1972년 유네스코의 협찬 아래 '책'이라는 제목으로 프랑스 국립도서관에서 도서전시회가 개최되었다. 그는 이 기회를 이용하기로 마음먹었다.

그런데 도서관 측에서는 이런 생각을 하는 그를 두고 당돌하다고 여겼다. 그래서 전시를 허락할지 말지를 두고 고심했다고 한다. 그 이유는 알 만하다. 직지가 금속활자 인쇄본이라는 것이 전문가들에 의해 받아들여진다면 도서관 측은 큰 영예를 얻는 것이지만 반대로 박병선이 잘못 고증한 것으로 판명이 나면 도서관 측도 그 책임을 면하기 어렵기 때문이었다.

이에 대해 박병선은 모든 것은 자신이 책임지겠다고 하면서 일이 잘못되면 탓을 박병선 자신에게 돌리고 도서관 측은 발을 빼라고 주문했다. 그러면 서로 좋은 것 아니겠냐고 하면서 말이다. 그가 이렇게까지 할 수 있었던 것은 그동안 치밀한 연구와 실험을 해서 그 결과에 자신이 있었기 때문이었을 것이다.

박병선의 설득은 통했다. 드디어 그는 이 전시회에 직지를 선보일 수 있게 되었다. 그런데 처음에는 그의 기대와 달리 사람들이 직지를 그냥 지나쳤다고 한다. 사람들은 설마 이런 작은 동양의 책이 세계 최고의 금속활자 인쇄본이 될 수 있을까 하는 의구심이 생겨 그런 반응을 보였을 것이다. 그러나 곧 이 책이 심상치 않다는 것을 발견하고 전문가들이 수군거리기 시작했단다. 그 뒤로부터 약 한 달 동안 전문가들이 그에게 계속해서 몰려와 세밀한 설명을 요구했다.

그는 이에 전혀 당황하지 않고 자신이 그동안 연구했던 모든 자료를 제시했다고 한다. 그랬더니 처음에는 수긍하지 못하던 그들도 직지가 세계 최고의 금속활자 인쇄본이라는 사실을 인정하기 시작했다. 당시 직지를 전시하고 그는 한 달 동안 그들의 질문에 답을 내놓느라고 아무것도 못 했다고 한다.

그리고 곧이어 동양학 학회가 열렸는데 박병선은 이 학회 역시 직지를 알릴 수 있는 좋은 기회라고 생각해 발표하기로 했다. 학회 발표장에서 그는 직지가 한국에서 인쇄된 금속활자본이고 구텐베르크의 책보다 78년이 앞선 것이라고 당당히 밝혔다.

그랬더니 참석한 사람들로부터 엄청난 공격이 들어왔다. 이것은 충분히 예상할 수 있는 일이다. 서양학자들의 집요함과 치밀함은 엄청나기 때문에 그들의 질문은 송곳처럼 날카로웠을 것이다. 그뿐만이 아니다. 앞에서 밝힌 것처럼 이것은 유럽인들의 자존심이 걸린 문제였다. 따라서 그들은 순순히 한국에서 인쇄된 직지가 현존하는 세계 최고의 금속활자 인쇄본임을 인정하기 싫었을 것이다.

어떻든 그들은 더욱더 공세적인 질문을 해댔다. 학자들만 박병선을 공격한 것이 아니었다. 그는 인쇄업자나 출판업자, 언론계 인사들로부터도 엄청나게 많은 비판적인 질문을 받았다. 박병선의 주장을 인정하면 그들 역시 자신들의 자존심이 꺾이는 것이라 있는 힘껏 그를 공격한 것이다.

그런 상황에서 그는 엄청난 스트레스를 받았다고 한다. 그러나 그는 한 걸음도 물러서지 않았다. 오히려 그는 자신을 비판하는 학자, 인쇄전문가, 그리고 언론계 인사들에게 자신만만한 태도로 수많은 증거를 대 결국 그들이 이 엄연한 사실을 인정하게 만든다.

그 후에 이 엄청난 사실은 세계적으로 인정받기에 이른다. 마침내 직지는 2001년에 유네스코가 선정한 세계기록유산에 등재되는 쾌거를 이루었으니 말이다.[14]

---

14) 박병선이 전하는 후일담이 또 있다. 당시에 대통령이었던 전두환이 프랑스를 방문했을 때 미테랑 프랑스 대통령이 직지의 영인본을 전에게 보여주었다고 한다. 그러면서 '이렇게 훌륭한 문화를 가진 나라의 대통령을 존경한다'고 말해 전이 매우 기뻐했다고 한다. 이에 감동한 전은 청주에 전시관을 세우라고 지시했고 이것이 고인쇄박물관의 건설로 이어졌다고 한다.

1377년, 고려 흥덕사에서
금속활자로 인쇄했다는 증거들

우리는 지금까지 직지가 현존하는 세계 최고의 금속활자 인쇄본이 되는 과정에 대해 자세히 살펴보았다. 이제 남은 일은 박병선이 홀로 어떻게 이 사실을 증명했는가를 살펴보는 것이다. 이에 대해서 한 군데에 일목요연하게 정리된 것이 없어 그 전모를 살피는 일이 쉽지 않았다.

한국인들은 연예인들의 시시콜콜한 이야기는 세세하게 파헤치면서 왜 박병선 같은 큰 인물에 관한 이야기들에 대해서는 관심조차 두지 않는지 안타깝기만 했다. 박병선과 직지에 관한 일은 아주 작은 것이라도 밝혀내고 기록으로 남겨 놓아야 하는데 그런 일을 하지 않았으니 난감할 따름이다.

다음은 박병선이 직지가 금속활자 인쇄본이라는 증거라고 제시한 것들을 모아서 정리한 것이다. 그가 책이나 대담에서 부분적으로 밝힌 것을 모아서 통합한 것이다.

가로 행이 가지런하지 않아

첫 번째로 제시하고 싶은 증거는 앞에서 인용한 박병선의 저서 『한국

22-『직지심체요절』을 인쇄한 청주 양덕산 흥덕사지(한상현 사진)

의 인쇄』(2002)에 나와 있는 것이다.[15] 직지의 각 페이지는 세로 11행으로 되어 있고 각 행에는 18자~20자의 글자가 들어가 있다. 그런데 18자의 문자로 된 행과 20자의 문자로 된 행은 그 행간의 크기가 달라 가로선이 고르지 않게 나온다. 이것은 목판 인쇄본에서는 발견하기 힘든 모습이다. 목판본은 원래 종이에 썼던 것을 목판에 붙여 파낸 것으로 인쇄한 것이기 때문에 가로 행에 있는 글자의 열이 정연하게 나온다. 이것은 종이에 글씨를 쓸 때를 생각해보면 쉽게 짐작할 수 있다.

우리가 붓으로 종이에 글씨를 쓸 때에는 줄을 맞추어 쓸 뿐만 아니라 행마다 글자의 수가 비교적 같게 나오도록 노력하면서 쓴다. 그 때문에

15) pp. 87~88.

그것을 가지고 목판을 만들면 목판에 있는 글씨의 가로줄이 가지런하게 나온다.

그에 비해 금속활자 인쇄본은 행마다 글자 수가 다르고 글자의 크기나 굵기, 위치 등이 고르지 않는 경우가 있을 수 있다. 이것은 활판에 활자를 고정시키면서 생긴 현상인데 직지에서도 이러한 모습이 보인다. 그래서 직지의 18자 행과 20자 행의 가로선이 가지런하지 않게 나온 것이다.

이것은 본문에서만 발견되는 현상이 아니다. 여섯 군데에 걸쳐 나오는 주석도 비슷한 모습을 보인다. 직지의 주석 부분은 작은 글씨로 2행으로 되어 있는데 이 부분 역시 불규칙한 모습을 보이기는 마찬가지다.

이 같은 모습이 나타난 것은 당시의 인쇄술이나 주조술이 아직 수준에 이르지 못했기 때문인데 이런 문제들은 조선 초에 가서야 어느 정도 풀리게 된다. 고려 말에는 인쇄술이 그 문제를 해결할 수 있을 정도로 발전하지 못했기 때문에 직지의 인쇄 상태가 목판본의 그것에 미치지 못한 것이다. 게다가 흥덕사는 일 개 사찰에 불과해 그런 곳에서 행해지는 금속활자 인쇄술은 아무래도 수준이 떨어졌을 것이고 직지 역시 목판본에 비해서 완성도가 떨어졌을 것으로 추측해볼 수 있다.

글자 겹침, 먹의 농도, 가위질, 쇠똥, 글씨체 등등

이러한 미숙함은 다른 부분에서도 드러난다. 위 글자의 밑 부분과 아래 글자의 윗부분이 겹쳐 인쇄된 경우가 그런 예라 할 수 있다. 이런 것은 목판본에서는 있을 수 없는 일이다. 반면 금속활자로 찍은 인쇄본에서는 활판을 만들면서 얼마든지 이런 일이 일어날 수 있다.

그런가 하면 먹물도 각 활자에 묻어 있는 상태가 달라 인쇄된 글자의 굵기나 색의 농도가 다르게 나타난다. 또 먹물이 흘러 만들어진 얼룩 자

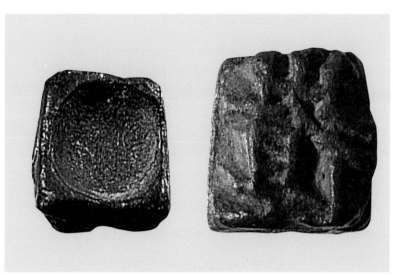

23-복자명 고려 금속활자(개성 지방에서 출토된 청동 활자)

국들도 곳곳에 남아 있다고 하는데 이런 것 역시 직지가 금속활자로 인쇄됐다는 사실을 보여준다고 박병선은 주장하고 있다.

이런 것들은 실제의 모습을 보아야 그 전모를 확실하게 이해할 수 있는데 구체적으로 소개하는 자료가 없으니 그 정황을 접할 수 없어 안타깝기만 하다. 한국의 학자들은 왜 이런 것들에 대해 깊게 탐구하지 않는지 모르겠다. 나 같은 비전문가들은 전문가들의 연구와 발표가 없으면 자세한 전모를 아는 일이 불가능하다. 이런 현실이 안타깝지만 전문가들의 연구를 기다려 볼 수밖에 없다.

그런가 하면 직지의 인쇄 상태를 보면 활자를 가위질한 흔적이 보인다고 한다. 이것은 활자가 모자라 다른 활자로 대체하면서 생긴 현상으로 추정된다고 박병선은 주장했다.

또한 활자 옆에 있던 금속 찌꺼기(일명 너덜이 혹은 쇠똥)를 그대로 두어 그것이 종이에 찍혀 있는 모습도 보이는데 이것 역시 이 책이 금속활자로 인쇄됐다는 유력한 증거가 된다고 한다. 원래는 이런 찌꺼기들을 다 제거한 다음에 인쇄해야 하는데 그냥 그 상태로 했으니 그것마저 인쇄된 것이다. 이러한 찌꺼기들은 목판본에서는 발견되지 않는데 그것은 목판본에는 제작 과정에서 이 같은 찌꺼기들이 생길 수 없기 때문이다. 설혹 찌꺼기가 생기더라도 그것을 쉽게 제거할 수 있기 때문에 목판 인쇄본에서는 찌꺼기 같은 것이 보이지 않는다.

박병선은 글씨체에 대해서도 언급하고 있는데 직지에 적용된 필체는 송설체(松雪體), 즉 조맹부(趙孟頫) 체로서 고려 말엽에 유행하던 필체라고 한다. 따라서 이것은 직지의 인쇄 시기와 일치한다.

그다음에 그가 주목한 것은 한문의 더 나은 해독을 위해 한자 옆에 써 놓은 이두였다. 한문은 한국어와 어순이 다르거나 동사 활용법이 같지 않은 등 다른 점이 많아 해독하는 데에 어려움이 많았다. 그래서 이전 사람들은 한자 사이에 한국어를 표기해서 쉽게 해독할 수 있게 했는데 이때 한국어 표기를 이두 문자로 한 것이다. 이 이두 문자는 시대에 따라 다르다고 하는데 직지에 쓰여 있는 이두는 고려시대의 이두가 보여주는 특징을 갖고 있었다고 한다.[16] 이러한 여러 증거를 통해 보면 직지가 고려 말에 인쇄된 금속활자 인쇄본이 확실하다는 것이다.

똑 같은 모양의 글자들과 고려의 종이

앞에서 인용한 그의 강연에서는 다른 이야기도 접할 수 있었다. 그는 직지에서 서로 다른 페이지에 나오는 같은 글자들을 사진으로 찍은 다음

---

16) 이에 관해서는 다음의 논문을 참고했다.
남풍현(1999), "직지심체요절의 구결", 『국어사를 위한 구결 연구』(태학사), pp. 433~464.

직지와 의궤에 일생을 바친 박병선 박사

에 그것을 크게 확대해서 비교해보았단다. 그런데 글자의 모양이 똑같게 나왔단다. 만일 목판본이라면 똑같은 글자라도 서로 조금이나마 다르게 나오는 것이 상례라고 한다. 이것은 우리가 글씨를 펜으로 쓸 때를 상상해보면 알 수 있다. 같은 글자라도 매번 손수 써야 하는데 그러는 과정에서 아주 미세한 차이가 날 수 있는 것이다.

박병선은 이 미세한 차이를 발견하기 위해 인쇄된 것을 확대해본 것이다. 그런데 직지의 글자는 같은 것이라도 차이가 조금도 보이지 않았다. 이것은 같은 활자를 사용한 것으로 보아야 한다는 것이 그의 주장이었다. 이런 연구 태도를 보면 우리는 박병선이 얼마나 주도면밀한 분인가를 알 수 있다.

그의 주도면밀함은 아직 다하지 않았다. 앞에서 그는 감자나 무, 지우개 등으로 활자를 만들어 찍어보았다고 했는데 이것은 그 각각이 어떻게 다르게 나오는가를 보기 위함이었다.

그에 따르면 이런 활자들로 인쇄된 글자들을 원래 크기로 보았을 때는 모두가 비슷하게 보이지만 50배로 확대해서 보면 각 활자에서 미세하게 다른 점이 보인단다. 이를 통해 그는 금속활자로 인쇄했을 때에 글자들이 어떻게 보이는가를 알아낼 수 있었을 것이다. 그리고 그것을 가지고 직지가 금속활자 인쇄본이라는 사실을 추정한 것이다.

그는 또 종이에 대해서도 언급했는데 한국은 신라, 고려, 조선조에 썼던 종이가 다 다르다고 한다. 그런데 직지의 종이는 분명 조선 것은 아니었다고 한다. 일본의 고서 가운데 직지와 비슷한 시기에 고려 종이로 만든 책이 있는데 이 책의 종이가 직지의 종이와 일치했다고 한다. 그러니 직지는 고려 말에 인쇄된 것이 틀림없다는 것이다.

이 정도면 직지가 그 책의 뒷부분에 쓰인 대로 1377년 흥덕사에서 금속활자로 인쇄되었다는 증거가 차고도 넘친다고 할 수 있지 않을까? 그래서 박병선은 그 많은 전문가들 앞에서 자신만만할 수 있었을 것이다. 그렇지 않고서야 그 깐깐한 서양의 전문가들을 하나하나 설득하는 일이 불가능하지 않았을까? 그가 제시한 이 같은 유력한 증거 앞에 유럽의 전문가들은 그의 주장을 인정할 수밖에 없었을 것이다.

고려와 구텐베르크 인쇄술의
영향력

직지와 박병선에 대한 설명을 끝내면서 마지막으로 언급하고 싶은 것이 있다. 그것은 고려의 직지와 구텐베르크의 금속활자 인쇄 기술이 보여준 영향력에 대한 것이다. 한국인들은 직지와 관련해 '우리나라가 전 인류사에서 금속활자를 처음으로 발명한 나라'라고 자랑을 많이 한다. 그런데 앞에서 말한 대로 이것은 많은 경우 한국인들만 주장하는 것이고 세계인들은 아직도 금속활자는 구텐베르크가 처음으로 발명한 것으로 알고 있다.

혹여 한국이 금속활자 발명국이라는 사실을 아는 사람이 있더라도 그는 이 사실을 인정은 하지만 다음과 같은 추가 설명을 하는 경우가 있다. 즉, 고려와 구텐베르크의 금속활자 인쇄술은 그 영향력의 면에서 심대한 차이가 있다고 말이다.

한정된 집단에서만 통용 對 사회 전역에 영향

구텐베르크의 인쇄술이 당시 유럽 사회에 어떤 영향력을 끼쳤는가에 대해서는 앞에서 이미 밝혔다. 한마디로 말해 그의 인쇄술은 정보의 대중화를 가능하게 해 유럽 사회 전역에 파천황적인 영향력을 보여주었다.

그에 비해 고려(그리고 조선)의 금속활자 인쇄술은 그런 파급력을 행사하지 못하고 왕실이나 불교 사찰 등 극히 한정된 집단에서만 통용되는 것으로 끝난다.

이렇게 된 데에는 여러 이유가 있을 터인데 당시 고려인들은 금속활자 인쇄 기술을 발전시키려는 생각을 하지 않았던 것 같다. 그 이유 중의 하나는 이 금속활자 인쇄 기술이 매우 까다롭기 때문이다. 무엇이 까다롭다는 것일까? 우선 활자를 만드는 것부터 쉽지 않다. 활자 제조가 어렵다는 것은 직지의 활자만 보아도 알 수 있다. 직지의 활자를 보면 활자의 굵기가 일정하지 않거나 기울어져 있는 등 제조 기술이 허술한 것을 알 수 있다.

까다로운 일은 거기서 그치지 않는다. 인쇄를 하려면 활자를 가지고 활판을 만들어야 하는데 이 활판에 활자를 확실하게 고정하는 일 역시 쉬운 일이 아니다. 활판을 만드는 일은 대체로 이렇게 진행된다. 우선 활판에 활자를 가지런히 끼운다. 그런 다음 이 활자들이 움직이는 것을 막기 위해 활자 사이에 녹은 밀랍을 붓는다. 이 밀랍이 굳으면 활자들을 어느 정도는 고정할 수 있다.

그런데 이 상태로 가면 몇 번만 인쇄해도 조판 형태가 흔들린다. 이것은 충분히 예측할 수 있는 것이 밀랍은 소재가 부드러워 활자를 강하게 잡아둘 수 없기 때문이다. 따라서 인쇄를 하기 위해 종이를 대고 문지르는 일을 계속하게 되면 활자가 원래 위치에서 벗어날 수 있다. 이 때문에 활자들이 처음에 고정한 대로 고르게 인쇄되지 않는다. 이런 문제 때문에 당시의 금속활자로는 목판본처럼 다량으로 인쇄하는 일이 어려웠다.

한자 對 알파벳

한국(그리고 중국)의 금속활자 인쇄 기술이 유럽처럼 민간으로 스며들지 못하고 정부나 큰 사찰에서만 통용될 수밖에 없었던 데에는 한자(漢字)라는 문자의 특수성도 작용했다. 주지하다시피 한자는 글자 수가 매우 많다. 그리고 한자는 모음과 자음이 별도로 존재하는 음소문자가 아니기 때문에 로마 알파벳(그리고 한글)처럼 모음과 자음을 조합해서 쓸 수 없다. 따라서 활자로 쓸 때에는 항상 낱글자로 쓸 수밖에 없었다.

사정이 이러하니 한자 활자로 책을 만들려고 하면 글자 수대로 활자가 필요했다. 같은 글자가 나와도 새로운 활자를 사용할 수밖에 없었다. 그래서 책이나 문서를 자유롭게 찍으려면 충분한 양의 활자가 있어야 했다. 한국고전번역원의 최채기 수석연구원에 따르면[17] 책 한 권을 만들려면 일상에서 사용하는 글자만 고려해도 5천 자 이상이 필요하고 중복된 글자까지 포함하면 약 10만 개의 활자가 필요하다고 한다. 그래서 정조 때에 만들어진 정유자(丁酉字·1777)를 보면 무려 15만 개의 활자가 한 세트를 이루고 있다고 한다. 이 정도의 활자가 있어야 인쇄하고 싶은 책이나 문서를 인쇄할 수 있었던 모양이다.

그에 비해 알파벳 활자는 대문자와 소문자, 그리고 부호를 다 합해도 100자를 넘지 않는다고 한다. 이 100개의 활자를 몇 벌로 만들어 번갈아 사용되면 되는 것이다. 사정이 이러하니 한자로 된 금속활자를 만들 경우 초기 비용이 엄청나게 들 수밖에 없다. 따라서 이 같은 방대한 사업은 국가나 감당할 수 있지 민간에서는 가능할 수 없었을 것이다. 그런 까닭에 민간에서는 금속활자를 만들어 책을 찍는 일은 엄두도 내지 못했을

---

17) 충북일보 2016 2월 15일 자, "금속활자, 사회 발전 원동력과 무관"

25-서울 공평동에서 출토 된 〈한글 금속활자〉

것이다.

그에 비해 유럽에서는 구텐베르크의 예에서 볼 수 있는 것처럼 소량의 알파벳 활자만으로도 책을 인쇄할 수 있었기 때문에 많은 민간업자들이 달라붙을 수 있었다. 그 결과 유럽은 인쇄문화를 발달시킬 수 있었고 그 기술은 최근까지 계속 버전업하면서 발전을 거듭해 인류의 인쇄문화가 한껏 피어오를 수 있었다.[18]

따라서 인류가 극히 최근까지 이용했던 인쇄 기술은 구텐베르크가 시작한 금속활자 인쇄 기술에서 발전된 것이지 고려의 그것과는 별 관계가 없다. 이 점은 한국인들도 인정해야 할 것이다.

---

18) 인류는 20세기 후반에 컴퓨터를 이용하여 인쇄하는 기술을 개발하면서 드디어 활판 인쇄를 벗어나게 되었다. 조판 작업 등을 모두 컴퓨터로 하기 때문에 더 이상 금속활자로 만든 활판이 필요하지 않게 된 것이다. 이것은 인류의 인쇄기술사에서 하나의 획기적인 전환이라고 하겠다.

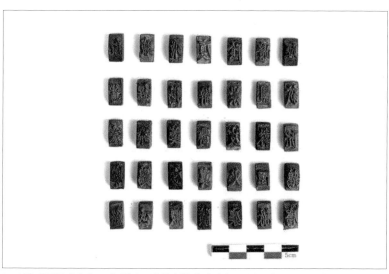

26-서울 공평동에서 출토 된 〈한자 금속활자(추정 갑인자)〉, 小字, 가로 0.7cm, 세로 1.4cm, 높이 0.5cm(문화재청 보도자료)

고려는 당시 세계 최고 선진국, 그리고...

그런데 위에서 말한 사실, 즉 인류가 지금까지 공유한 인쇄술은 고려의 인쇄 기술에서 비롯된 것이 아니라 구텐베르크의 그것에서 기원한 것이라는 사실을 인정하더라도 바뀌지 않는 사실이 있다. 그것은 다름이 아니라 한국, 즉 고려가 금속활자를 전 인류사에서 처음으로 발명했다는 사실이다. 이것을 모르는 한국인은 없는 듯 한데 이 사실이 무엇을 의미하는지를 아는 한국인은 적은 것 같다.

금속활자는 왜 만들었을까? 그것은 전적으로 책을 인쇄하기 위해 만든 것이다. 금속활자는 책을 출간하는 외에는 다른 용도가 없다. 그러면 그 다음 질문으로 책은 무엇인가 하고 물을 수 있다. 책은 한마디로 말해 문화의 총아라 할 수 있다. 문화의 핵심이라는 것이다. 문화가 발전하기 위해서는 책이 있어야 한다. 책을 통해서만 인간은 지식과 정보를 공유하고 축적할 수 있다. 인간은 그렇게 공유한 정보를 가지고 계속해서 문화를 발전시킬 수 있다. 이 점은 앞에서 이미 밝힌 바 있다. 따라서 높은 문화를 가진 민족은 인쇄술과 그에 부응하는 책의 출간에 많은 관심을 갖게 마련이다.

이런 시각에서 보면 고려(그리고 조선)는 대단한 문화국임이 틀림없다. 이 나라들은 국가적으로 다른 어떤 사업보다도 인쇄술에 많은 관심을 기울였기 때문이다. 고려가 금속활자를 발명했다는 사실이 바로 이 영웅적인 모습을 선명하게 보여준다. 고려가 세계 최초로 금속활자를 발명했다는 것은 이 나라가 당시 세계 최고의 선진국이었다는 사실을 보여준다.

금속활자 같은 최고의 문화물이 나오려면 그 사회의 문화력이 높아야 하는 것은 물론이고 이것을 받쳐줄 경제력이나 정치력이 뛰어나야 한다. 당시 고려는 이 같은 세 가지 힘이 충만한 나라였다. 이처럼 사회의 전체적인 힘이 높은 수준을 유지하고 있었기 때문에 그 힘을 바탕으로 금속활자 같은 최고의 문화물이 생성될 수 있었던 것이다.

그리고 이 같은 고려의 문화력과 기술력은 그대로 조선에 계승되었고 조선에서 더 발전하게 된다. 특히 금속활자 인쇄술은 조선 초, 특정하면 세종대에 큰 발전을 한다. 이런 사실들은 고려, 그리고 조선이 대단한 선진국이었음을 방증하고 있다.

현대 한국은 일제기를 거쳐 (고려와) 조선의 문화를 이어받았는데 20세기 중반까지는 한국인들이 이렇게 이어받은 문화를 살려내지 못하고 있었다. 그러나 20세기 후반이 되면서 서서히 한국인들의 잠재력이 살아났다. 그런 끝에 한국은 피식민국가 가운데 유일하게 선진국 대열에 낄 수 있게 되었다.

한국이 이렇게 신속하게 기술력과 문화력이 뛰어난 선진국으로 진입

할 수 있었던 것은 앞선 왕조들의 저력에 힘입은 바가 크다. 한국의 과거 왕조가 여러 방면에서 보여준 뛰어난 실력 때문에 그것을 이어받은 한국이 이렇게 단시간 내에 선진국으로 격상되는 일이 가능했을 것이다.

고려가 금속활자 발명국이라는 사실은 이런 방식으로 현대 한국과 연계해서 생각해볼 수 있다. 그래야 금속활자 최초 발명국이라는 사실의 참다운 의미를 알 수 있다. 다시 말하지만 고려가 당시에 금속활자를 발명했다는 것은 고려는 세계 최고의 선진국이었다는 사실을 방증해주는 것이다. 그 위세는 그대로 조선에 전해졌고 조선을 이어받은 현대 한국이 세계 최빈국에서 선진국 대열에 올라서게 된 것은 과거의 지위를 회복한 것이라고 보아야 한다.

따라서 우리는 그저 '한국은 세계 최초로 금속활자를 발명한 국가다'라는 역사적 사실 하나에만 집중할 것이 아니라 이렇게 통시적으로 통찰해야 이 사실의 참다운 역사적 의미를 알 수 있다.

Part 2
의궤를 찾아서

프랑스 국립도서관에서 직지를 발견(1967년)하여 공인(1972년)받은 이후 1975년, 박병선 박사는 마침내 국립도서관 별관 파손 책 보관 창고에 있던 어람용 의궤마저 찾아낸다. 이후 그는 안팎의 냉대 속에서 홀로 10여 년간 의궤 연구에 매진했을 뿐만 아니라 전권이 한국으로 돌아오게 하는 역사적인 일을 가능하게 만들었다.

또 하나의
지대한 공로

이제 박병선의 두 번째 공로에 관해 설명할 차례다. 그가 약탈당한 어람용 『조선왕조의궤』(이하 의궤)를 발견하고 그 엄청난 서물이 한국에 반환(?)되는 데에 지대한 공을 세운 것에 대해서 살펴보는 것이 이번 장의 주제다.

사실 앞에서도 언급한 것처럼 박병선이 의궤를 찾아내고 정리해서 한국에 반환될 수 있도록 노력한 것은 그가 직지를 발견하고 그것이 최고(最古)의 금속활자 인쇄본이라는 것을 증명한 것보다 중요성이 다소 떨어질지 모르겠다. 그 이유에 대해서는 앞에서 이미 설명했다. 직지의 발견은 세계문명사의 한 페이지를 장식할 만한 사건이었지만 의궤의 발견은 그런 장대한 의미를 갖지 않기 때문이다.

그러나 박병선이 의궤를 발견하기 위해 기울인 노력이나 그 후에 받은 피해나 고초, 그리고 의궤를 10년간이나 정리하여 의궤가 한국으로 반환되는 데에 결정적인 역할을 한 것은 실로 엄청난 일이다.

곧 상세하게 설명하겠지만 그는 이 의궤를 발견한 후 동료 직원으로부터 온갖 수모를 받았을 뿐만 아니라 그 결과로 결국 도서관에서 해고되는 불운을 맞이하게 되는데 그것은 그에게 큰 충격이었을 것이다. 그렇지만 그는 해고된 뒤에도 꾸준히 도서관에 출근하다시피 하면서 의궤를 정리했다. 이런 모습이야말로 그를 진정한 문화 영웅 중의 한 사람으로 만드는 데 손색이 없을 것이다.

그런데 이 같은 그의 분투는 국내에 그다지 알려지지 않았다. 왜냐하면 그 이야기가 제대로 문서화 되지 않았기 때문이다. 그 때문에 우리가 그의 활약상을 알 수 있는 방법은 그가 직접 구술한 것에 의존하는 것 외에 다른 방도가 없다. 따라서 이번 장에서도 그의 구술에 의거해 서술할 수밖에 없다. 그런 맥락에서 볼 때 본서에서 이 주제에 대해 문서화 하는 것은 대단히 의미가 깊은 일이라 하겠다.

그런데 이 같은 그의 행적을 보기 전에 의궤에 대해 간략하게나마 보아야 하겠다. 그래야 그가 한 일이 어떤 것인지 더 확실하게 알 수 있기 때문이다.

의궤에
대하여

도대체
어떤 책이기에

『조선왕조의궤』는 주지하다시피 국가 보물로 지정되었을 뿐만 아니라 2007년에는 유네스코의 세계기록유산으로도 등재된 세계적인 유산이다. 그래서 이것 자체만으로도 상세하게 알아두어야 할 필요가 있는 유산이라고 하겠다. 그러나 우리의 초점은 박병선에 있으므로 의궤에 대한 것은 핵심만 추려 아주 간단하게 보려고 한다.

후손을 위해 남긴 사진첩이자 동영상

의궤는 '의식과 궤범'을 줄인 말이다. 이것은 한 마디로 의식의 모범이 되는 온갖 것을 적어놓은 책이라 할 수 있다. 조선은 알다시피 의례를 대단히 중요시 한 나라다. 조선이 국시로 삼고 있었던 유학은 다른 말로 하면 예학(禮學)이라고 할 수 있을 정도로 예를 중시했다. 따라서 유학을 국가 통치 이념으로 삼은 조선은 규범과 질서를 매우 중요하게 생각했다. 그들이 예를 중요하게 생각했던 것은 예야말로 인간의 근본 마음인 인을 표현할 수 있는 가장 좋은 수단으로 여겼기 때문이다.

그런 생각 끝에 그들은 이 예를 지키는 방법에 대해 많은 생각을 했는데 그중의 하나가 국가 행사를 예와 법도에 맞게 하는 것이었다. 그들이

27-국내에 반환된 철종대왕국장도감의궤 표지 (문화재청 보도자료)

이렇게 하는 이유는 간단하다. 그들의 믿음에 따르면 국가 행사를 예법에 맞게 치르면 정치가 저절로 풀려 나라가 평안하게 되기 때문이다. 그러려면 의례의 법도를 정확하게 후손들에게 전승할 필요가 있다. 그래야 예법이 변하지 않고 계승될 수 있다. 이것이 가능해지려면 이 의례의 모든 것을 정확한 기록으로 남겨야 한다. 그 노력 중의 하나가 바로 의궤의 작성이라고 할 수 있다.

의궤에 예시된 의례 가운데서도 장례나 혼례에 대한 기록이 매우 중시되어 이에 대한 기록은 다른 사안들보다 더 자세하게 기록되어 있다. 그럴 수밖에 없는 것이 장례와 혼례는 사례(四禮), 즉 관혼상제(冠婚喪祭) 가운데 가장 중요한 두 의례이기 때문이다. 그 외에도 왕과 왕세자의 책봉이나 다양한 잔치, 태실의 봉안, 국왕의 행차 등 왕실 행사 전반에 걸쳐 수많은 기록을 남겼다.

의례의 작성자들은 이런 행사들을 우선 그림으로 그려 세밀하게 표현했다. 물론 그림만 그린 것은 아니다. 그 외에 행사와 관련된 공문서나 담당자의 명단, 소요된 물품, 경비의 지출 등과 같은 세세한 사항에 대해서도 세밀하게 적었다. 특히 반차도(班次圖) 같은 것을 보면 행사에 참여한 사람들을 일일이 그려 놓고 그 사람들 옆에 그들이 지닌 임무와 지위에

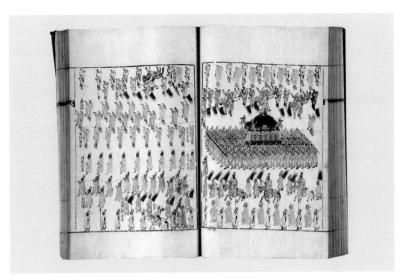

28-국내에 반환된 철종대왕국장도감의궤 반차도 (문화재청 보도자료)

대해서도 적어놓아 아주 이채롭다. 그 외에도 행사에 동원된 여러 도구
나 물품 등을 그려 놓은 도설(圖說) 등이 있는데 자세한 것은 너무 번거로
워 여기서 다 다룰 수 없을 뿐만 아니라 전공자가 아닌 더 이상 알 필요
도 없겠다.

이 그림들을 보고 있으면 그때의 광경이 너무나 자세하게 그려져 있어
당시의 행사를 직접 목도하는 것 같은 느낌을 받는다. 요즘은 사진이나
동영상을 촬영하는 기기(機器)들이 있어 이런 것을 가지고 생생한 기록을
남길 수 있지만 이전에는 이런 것들이 없으니 일일이 손으로 그리고 쓰
는 것으로 기록을 대신할 수밖에 없었을 것이다.

이렇게 세밀한 기록으로 여러 의례에 대한 정보를 남기는 것은 후손들
을 위한 것이라고 했다. 즉, 그들이 같은 상황에 부닥쳤을 때 언제든 참조
하여 법도대로 의례를 지내게 하기 위함인 것이다. 이 때문에 이 의궤는

언제든지 선대의 것을 볼 수 있었다. 왕이든 신하든 선대의 의궤를 볼 수 있었다는 것이다. 이러한 정책덕에 조선조 때 주요한 궁중 의례는 매우 정확하게 계승될 수 있었다.

이처럼 의궤를 항상 공개한 것은 실록을 공개하지 않은 것과 큰 대조를 이룬다. 의궤는 예를 지키기 위해 공개한 반면 실록은 공정한 역사 기록을 위해 비공개로 한 것인데 이를 통해 우리는 조선이 얼마나 원리와 질서를 중시한 나라이었는지 알 수 있다. 같은 정부 기록이지만 하나는 공개로 하고 다른 하나는 비공개로 한 것은 조선이 매우 탄력적이면서도 규범을 중시하는 정치를 시행했다는 것을 의미할 것이다.

그들 입장에서는 충분히 그럴 수 있어

의궤 작성 전통은 물론 중국에서 비롯된 것이다. 그런데 중국에는 우리의 의궤 같은 기록물이 없다고 한다. 중국에는 우리 것처럼 왕실 행사를 세밀하게 그림으로 그린 의궤가 없다는 것이다. 앞부분에서 말한 것처럼 『조선왕조실록』은 유네스코 세계기록유산이 되었지만 중국의 실록은 그 목록에 선정되지 못했다. 그것은 의궤의 경우도 마찬가지라 우리 것은 이 목록에 2007년이라는 이른 시기에 올라갔지만 중국 것은 아직 명함조차 내밀지 못하고 있다. 이런 것을 통해 보면 조선왕조가 자신의 멘토 역할을 한 중국보다 더 충실하게 유교적인 이념을 따르고 있는 것처럼 보여 재미있다.

그런데 혹여라도 독자들은 이 의궤가 이처럼 훌륭한 서책이니 당연히 쉽게 유네스코의 세계유산 목록에 올라갔다고 생각할지 모르겠다. 그러나 진실은 그렇지 않았다. 이 의궤를 유네스코 세계기록유산 심사에 올렸을 때 심사위원들의 반응은 조금 석연치 않았다고 한다. 그들이 의아하게 생각한 점은 다음과 같았다. 조선왕조의 공식적인 기록물은 벌써 두 개(1997년 조선왕조실록, 2001년 승정원일기)나 세계기록유산으로 등재되어 있는데 왜 또 같은 왕조의 정부 기록물을 세계유산에 올리려고 하느냐는 것이었다. 이들의 입장에서는 충분히 그렇게 생각할 수 있을 것이다. 인류 역사에는 수많은 왕조가 있었는데 그중의 하나에 불과한 조선왕조의 정부 기록물을 무려 3개나 이 목록에 올려놓는 것은 형평성에 문제가 있을 수 있다고 생각한 것 같다.

그때 한국 측에서는 왕실 행사를 이렇게 그림과 문서로 꼼꼼하게 남긴 기록물은 동아시아는 물론이고 세계 어디에도 없다고 강력하게 주장했다고 한다. 그 결과 다행히도 이 주장이 받아들여져 세계기록유산에 올라가게 됐다는 후문이 있다.[1]

안전지대, 강화도 외규장각

의궤는 어떻게 전승되었을까? 의궤는 조선 초기부터 만들어졌지만 잘 알려진 것처럼 임진왜란을 겪으면서 모두 전소되고 만다. 궐내에 보관되어 있었기 때문에 타버리고 만 것이다. 그 까닭에 의궤는 임란 뒤의 것만 남게 되는데 지금 남아 있는 것 가운데 가장 오래된 것은 1601(선조 34)년에 만들어진 것이다.[2] 임란 직후에 만들어진 것인데 이것도 불에 그슬린 흔적이 있다고 하니 그 뒤의 보관 과정이 험난했던 것을 알 수 있겠다.

---

1) 같은 사정은 한국 정부가 『승정원일기』를 세계기록유산으로 등재하려 할 때에도 있었다고 한다. 심사위원들은 이미 실록이 세계기록유산 목록에 올라가 있는데 한국 정부가 같은 왕조의 기록물로서 비슷한 성격을 갖고 있는 일기를 왜 등재하려고 하는지 이해하지 못했다고 한다. 이에 대해 한국 측에서는 일기는 실록과 달리 조선 후기에 극히 복잡했던 동북아시아의 정세를 자세하게 적고 있는 면에서 대단히 특별한 기록이라고 주장했다고 한다. 결국 이런 주장이 받아들여져 일기도 세계기록유산에 등재되는 쾌거를 이루게 된다.

2) 의인왕후 박씨의 빈전과 산릉 관련 의궤가 그것이다.

29-보물 제1901-8호 조선왕조의궤 중 "화성성역의궤" (연세대학교 소장)

이후부터 조선 정부는 의궤를 여러 부 만들어 궐내의 사고를 비롯해 전국에 있는 3개의 사고(충주, 전주, 성주 소재)에 보관하였다. 궐내에만 보관하던 것을 각각의 사고에 분산 배치한 것이다. 이것은 물론 전란 등으로 인해 의궤가 소실되는 것을 막기 위해 행한 조치다.

이 뒤에 전란이나 화재 등으로 사고의 위치가 변동되는데 종내에는 궐내에 있는 춘추관 사고를 비롯해 정족산, 적상산, 태백산, 오대산 사고로 결정된다. 의궤는 실록과 함께 이 사고에 보관되어 있었다. 이곳에 있던 것들이 현재는 서울대 내에 있는 규장각과 한국학중앙연구원에 있는 장서각에 분산되어 보관되어 있다.[3]

---

3) 권수로 따지면 서울대학교 규장각 한국학 연구원에는 약 3,000권이 보관되어 있고, 한국학중앙연구원의 장서각에는 약 500권이 보관되어 있다. 이를 합하면 실로 방대한 규모에 달한다. 2007년에 유네스코 세계기록유산으로 등재된 것은 바로 이 의궤들이다.

우리가 여기서 집중적으로 보아야 할 대상은 이 같은 의궤 전반에 대한 것이 아니라 병인양요 때 프랑스 해군이 약탈해 간 강화도의 정족산 사고에 있던 의궤다. 이 사고에는 임금만이 볼 수 있는 어람용 의궤가 보관되어 있었는데 처음부터 이곳에 어람용 의궤가 있었던 것은 아니다. 이것을 여기에 보관하라고 명을 내린 임금은 바로 정조였다.

　정조 때 어람용 의궤는 원래 궐내에 있는 규장각 안에 있었다. 그런데 과거에 전란을 겪으면서 이 의궤를 비롯해 왕실의 주요 서책이 소멸되었다는 것을 익히 알고 있던 정조는 이것들을 보관할 장소로 정변이나 전쟁 등을 피할 수 있는 안전지대를 찾았고 그 결과 강화도가 낙점되었다. 그에 따라 1782(정조 6)년에 강화도에 외규장각이 완성되고 여기에 어람용 의궤 등 왕실과 관계된 서물(書物)들이 보관된다.

　정조가 강화도를 외규장각의 적지로 생각했던 것은 몽골의 침입이나 병자호란 때에도 강화도가 안전했기 때문이 아닐까 한다. 그런데 이 영명한 군주도 강화도가 후대에 전혀 생각지도 못했던 양이(洋夷), 즉 서양 오랑캐에 의해 습격받을 것이라고는 예측하지 못했다. 하기야 정조대에는 서양의 군대가 조선을 침범하리라는 생각을 전혀 할 수 없었을지도 모른다.

약탈,
그리고 145년 만에 귀환

어람용 의궤는 강화도에 있었다. 그런데 현대 한국 학자들은 어람용 의궤가 강화도의 외규장각에 있는 줄 몰랐던 모양이다. 물론 그들도 다른 기록을 통해 의궤가 두 종류, 즉 조선 정부 당국자들이 참고하던 분상용(여러 사고에 나누어 보관하던 의궤)과 임금이 보던 어람용으로 제작되었다는 사실은 알고 있었다. 그러나 당시 한국이 소장하고 있던 의궤는 분상용뿐이었다. 그래서 한국 학자들은 분상용 의궤에 대해서만 정보가 있었을 뿐 어람용 의궤에 대해서는 그것이 따로 있었다는 사실 외에는 구체적인 면모는 물론 정확한 행방에 대해 모르고 있었다. 그런데 사정이 그렇다고 하더라도 학자들은 강화도 외규장각의 성격과 역할을 고려해볼진대 그곳에 어람용 의궤가 있었다는 것은 물론 병인양요 때 약탈당했을 가능성에 대해 추측은 하고 있었을 것이다.

그러던 차에 우리의 영웅인 박병선 박사가 마침내 어람용 의궤를 프랑스 국립도서관에서 찾아낸 것이다. 그 자세한 이야기는 차차 보기로 하고 순서상 어람용 의궤가 어쩌다가 프랑스까지 가게 됐는지부터 살펴보자. 비교적 잘 알려진 사실이라 그다지 상세한 설명은 필요하지 않을 것 같지만 말이다.

1866년, 프랑스 해군이 약탈해 가

주지하다시피 1866년 프랑스 해군은 조선을 침공한다. 여기에는 이유가 있었다. 그해에 조선 정부가 프랑스 신부 9명을 잡아 죽인 데에 대한 보복으로 중국에 있던 프랑스 해군이 조선을 침공한 것이다. 이때 프랑스 해군은 강화도에 약 한 달 정도 주둔하고 있었다. 그러다 조선군의 격렬한 저항을 받고 프랑스군은 퇴각하기로 결정한다.

이럴 때 현지를 약탈하는 것은 모든 군대가 하던 일이었다. 그들은 퇴각하기 전에 강화도 정족산에 있는 외규장각을 털었는데 이 안에는 앞에서 말한 것처럼 어람용 의궤를 비롯해 왕실 관련 물품들이 다량으로 있었다. 서책도 수천 권이 있었다. 그런데 그들의 눈에 들어온 것은 어람용 의궤였다.

그들은 이 책이 무엇인지 몰랐겠지만 한눈에 이 책들이 범상치 않다는 것을 알았을 것이다. 동양 문화에 무지한 그들도 이 책들이 매우 귀중한 것이라는 것을 알았을 것이라는 말이다. 그래서 그들은 나머지 것들은 모두 불태워 없애버리고 이 의궤만 챙기기로 결정한다. 의궤의 프랑스행은 이런 과정을 거쳐 진행된 것이다.

그러면 여기서 어람용 의궤가 어떻게 생겼기에 동양의 서책에 대해 아무것도 몰랐을 프랑스 해군이 그 가치를 알아보았는지 살펴보자.

남다른 격을 지닌 책

어람용 의궤는 종이부터 초주지(草注紙)라는 이름의, 두껍고 우윳빛 나는 품질 좋은 종이를 썼다. 종이만 좋은 게 아니다. 글씨도 정자체라 할수 있는 해서체(楷書體)로 아주 깨끗하게 썼고 각 페이지는 붉은 선으로 윤곽을 그려 품격이 다르게 보이게 만들었다. 이것은 분상용과 비교해서

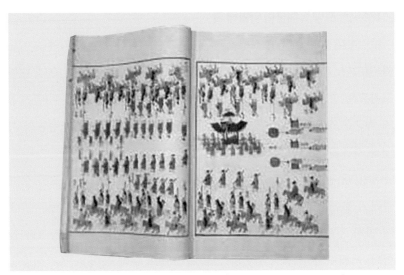

30-영조정순후 가례도감도청 의궤 반차도 (문화재청 보도자료)

보면 금세 그 차이를 알 수 있다. 이 차이를 알기 위해 왕실의 행사 장면을 그린 반차도를 예로 들어보자.

어람용의 반차도를 보면 우선 사람과 기물들이 매우 섬세하게 묘사되어 있는 것을 알 수 있다. 그 안에 나오는 모든 대상을 일일이 손으로 그렸기 때문이다. 이에 비해 분상용의 반차도에는 등장하는 사람들의 얼굴이 똑같다. 이는 얼굴을 도장으로 만들어 찍었기 때문이다. 또 어람용 의궤의 반차도는 물감을 천연의 광물이나 식물에서 채취했기 때문에 그림의 선명함과 지속력이 분상용보다 뛰어나다.

어람용은 장정도 아주 화려하기 이를 데 없다. 이것 역시 분상용과 비교해보면 차이를 금세 알 수 있다. 어람용은 표지를 비단으로 화려하게 만들었고 제본을 하는 철장도 무늬가 있는 놋쇠로 만들었다. 그리고 철장을 박는 방식도 어람용은 5개의 못을 박고 여기에 놋쇠로 된 국화동이라 불리는 것을 5개나 붙였다. 국화동은 국화 모습을 한 문양과 같은 것으로 어람용에는 이것이 5개나 붙어 있어 품격이 남다르다. 이에 비해 분상용은 제본하는 철장도 무늬 없는 무쇠 조각을 댔고 못도 놋쇠가 아니라 무쇠로 만든 못(박을정)을 사용했다. 또 국화동 같은 것은 일절 없고 다만 가운데에 무쇠로 만든 둥근 고리만을 붙여 놓았을 뿐이다.

이런 이야기는 이렇게 글로 설명해봐야 잘 알 수 없다. 또 사진으로 보아도 어람용과 분상용를 구분하는 일이 쉽지 않다. 그러나 실제로 보면 의궤에 대해 아무 지식이 없는 사람도 어람용이 얼마나 훌륭한 책인지 금세 알 수 있다. 다행히 국립중앙박물관에 가면 이 어람용 의궤의 실물을 직접 확인해 볼 수 있다. 의궤에 문외한인 나도 직접 보니 한눈에 이 서물이 보물임을 직감할 수 있었다.

따라서 당시 외규장각을 털었던 그 무지한 프랑스 해군들도 이 책이 보물이라는 것을 알아차렸을 것이 틀림없다. 그래서 이 책은 1866년에 프랑스로 가게 되었고 2011년에 그 전체가 다시 우리의 품에 돌아오기까지 무려 145년을 기다려야만 했다.

1993년, 갑자기 서울에 온 한 권의 의궤

프랑스에게 도둑맞은 어람용 의궤가 박병선에 의해 발견(1975년)되어 그 존재가 알려진 이후, 그 실물 한 권이 한국인들의 눈앞에 갑자기 나타난 사건이 있었다. 1993년의 일이다.

당시 프랑스 대통령이었던 미테랑이 한국을 방문하면서 프랑스에 있던 의궤 중 『휘경원 원소도감의궤』라는 제목의 의궤를 가지고 와 주고 간 것이다. 원래는 이 책을 보여주기만 하고 다시 가져가려고 했다는 의견도 있다. 그런데 한국인들이 이 책을 접하고 너무나 좋아하는 것을 보고 미테랑의 마음이 바뀌었는지 즉흥적으로 이 책을 한국에 남기고 떠났다고 한다(이 설의 진위 여부는 확실하지 않다).

사정이 어찌 되었든 미테랑 대통령이 이 책과 함께 한국을 방문한 것은 잘 알려진 바와 같이 한국 정부에게 프랑스의 고속철인 떼제베를 사라고 부탁하기 위함이었다. 프랑스의 국익이 걸리는 문제가 발생하자 그가 직접 내한한 것이다. 그들은 그동안 한국 대통령들이 제발 한국을 방문해달라는 수 차례 청탁을 모두 거절한 터였다. 미테랑이 내한한 것은 속 보이는 일이지만 당시에 개발도상국이었던 한국에게 부탁하려니 어쩔 수 없는 일이었을 것이다. 그런데 일의 성사를 위해서는 한국 정부에게 선물 증정 같은 이벤트를 제공해야 하니 의궤 중 한 권을 달랑 들고 온 것이다. 미테랑은 이 의궤를 전달하면서 프랑스 국립도서관에 있는 나머지 의궤도 돌려줄 수 있다고 한국 정부를 회유했다. 당시 한국 정부가 의궤 반환 문제를 프랑스 정부와 논의하고 있었기 때문에 이렇게 제의한 것이다.

한 권도 안 돼, 프랑스 관계자들의 격한 반발

당시 상황에 대해 유복렬이라는 한국의 한 외교관은 자신의 저서[4]를 통해 재미있는 뒷이야기를 전한다. 참고로 그는 2010년 전후로 한국 정부가 프랑스 정부와 외규장각 의궤의 반환 협상을 할 때 실무 역할을 담당했던 사람이다.

그에 따르면 1993년에 미테랑 대통령이 의궤 한 권을 한국에 가져가고자 할 때 샹송이라는 프랑스 국립도서관 행정국장을 비롯한 도서관 직원

---

4) 유복렬(2013), 『돌아온 외규장각 의궤와 외규장각 이야기』, 눌와.

들이 마지막까지 방해했다고 한다. 샹송은 의궤를 빼앗기지(?) 않으려고 의궤가 있는 함 위에 앉아 저지하다가 경비원에게 떠밀렸다고 하는 아주 구체적인 증언도 있다. 그녀는 끝까지 의궤를 양도하지 않으려고 온몸으로 막았던 모양이다. 후에는 아예 도서관에 사표를 던졌다고 한다.

그런데 이 과정에 대해 다른 버전으로 소개하는 자료가 있어 그것도 한 번 살펴보았으면 좋겠다. 이 자료는 당시 프랑스의 고속철도 제조사인 알스콤사 측의 로비스트 역할을 맡았던 강귀희라는 이가 쓴 저서[5]에 나오는 내용이다. 그는 이 책에서 한국이 고속철도의 제조 회사를 선정하는 과정을 아주 상세하고 밝히고 있다.

그에 따르면 미테랑은 국립도서관 측에 자신이 한국을 방문할 때 의궤를 가져갈 예정이니 준비하라는 지시를 내린다. 그러나 이 지시에 도서관 측은 반발했다. 미테랑 대통령이 혹시나 그 의궤를 한국에 양도할지도 모른다는 우려 때문이었다. 그러자 당시 문화부 장관이었던 투봉이 동양서지 담당사서인 샹송에게 전화를 걸었다(앞에서 유복렬 씨는 샹송이 행정국장이라고 했는데 누가 맞는지는 알 수 없다). 의궤를 한국 정부에 보여만 주고 되가져올 터이니 걱정말라는 내용이었다. 이에 샹송은 다른 여직원과 함께 의궤를 들고 서울로 향했다. 그때 그들은 미테랑이 의궤를 한국에 양도하리라고는 상상조차 하지 않았다고 한다.

그러나 서울에 오니 상황이 바뀌었다. 프랑스 외무부 관계자가 의궤를 양도할 예정이니 가져오라고 한 것이다. 소식을 들은 두 여성은 숙소인 롯데호텔 방문을 걸어 잠그고 의례를 줄 수 없다고 울면서 항변했다고 한다. 그러자 프랑스 문화부 장관이 설득에 나섰고 반환하기 몇 분 전에

---

5) 강귀희(1998), 『로비스트의 신화가 된 여자』 문예당.

의궤가 든 가방을 간신히 건네받았다고 한다. 그런데 두 여성은 가방만 주고 열쇠를 주지 않아 관계자들이 가방 자물쇠를 망치로 부수고 간신히 의궤를 꺼낼 수 있었다고 한다.

이 일을 겪고 프랑스에 돌아온 그들은 미테랑 대통령이 국가 문화재를 해외에 반출할 수 없다고 적시한 현행법을 어겼고 또 의궤를 한국 측에 주지 않겠다고 거짓말을 했다는 것을 이유로 사표를 제출했다고 한다(그러나 후에 샹송은 도서관장이 되었다고 하니 그녀는 복직한 모양이다). 또 도서관 직원들도 이 여성들에게 동조해 총파업을 단행했다. 이 때문에 미테랑도 그 이후에 의궤 반환 작업을 더 이상 진전시키지 못했다. 그뿐만 아니라 한국 측에 건넨 '원소도감의궤'도 준 것이 아니라 장기 대출로 처리했다고 한다.

이렇게 '원소도감의궤'의 반환 사건에 대해 두 가지 다른 시각이 있는데 과연 어떤 설이 더 사실에 가까울까? 내 개인적인 생각에는 강귀희 씨의 설이 더 적확할 것 같다. 이유는 간단하다. 강 씨는 떼제베 제작사인 알스톰사의 로비스트로서 그 현장에 있었기 때문이다. 따라서 그는 그 전체 과정을 목도했을 터이고 책에 그 체험담을 쓴 것으로 생각되어 신임이 간다. 그러나 이는 짐작에 그치는 것이라 앞으로 더 연구해 보아야 확실한 정보를 알 수 있을 것이다.

어떻든 사정이 이러했으니 1993년 '원소도감의궤'의 반환 사건 후로 의궤 반환 문제는 별 진전을 볼 수 없었다. 프랑스 국립도서관 직원들의 반발이 워낙 심했으니 말이다. 그러다 18년이 지난 2011년, 마침내 극적인 타협에 성공해 미리 와 있던 '원소도감의궤'를 제외한 프랑스 국립도서관 소재 의궤 전부는 한국을 떠난 지 145년 만에 고국으로 돌아왔다. 그 반환 교섭에도 박병선이 있었다. 상세한 이야기는 잠시 후에 보기로 하자.

2011년, 145년 만의 귀환

다시 미테랑의 '원소도감의궤' 반환 사건으로 돌아가자. 미테랑 대통령이 갖고 온 어람용 의궤를 처음 본 한국인들은, 특히 학자들은 크게 감탄했다. 말로만 듣던 어람용 의궤를 처음 보아 그랬을 것이다. 서지학에 대해 전혀 모르는 사람이 보아도 감탄이 나오는데 의궤를 잘 아는 학자들은 더욱 감회가 깊었을 것이다.

우선 이 의궤는 앞에서 말한 것처럼 책 표지의 장정부터 너무 아름다워 혹할 수밖에 없게 되어 있다. 그뿐만 아니라 정자(正字) 체인 해서체로 우아하게 쓰여 있는 글씨나 아름다운 그림들 역시 찬사를 발하게 하기에 충분하다. 이 어람용 의궤를 처음 본 한국인들은 이 때문에 의궤 전체를 반환받아야겠다는 생각을 더 굳혔을지도 모른다.

사실 앞서 잠깐 밝혔듯이 이 의궤를 반환받으려는 시도는 그 2년 전인 1991년부터 한국 정부에 의해 시작되었다. 이 시도는 프랑스 국립도서관에서 의궤를 발견한 박병선이 앞장서면서 그에 따라 촉발된 것이다. 이에 대해서는 뒤에서 박 박사에 대해 이야기할 때 자세하게 볼 것이다.

1991년 당시 양국의 대통령인 김영삼과 미테랑은 '교류와 대여'라는 원칙에 합의하고 어떤 방식으로 의궤를 전달할지에 대해 논의하기 시작했다. 그 뒤 양국 정부 간에는 밀고 당기는 일이 지루하게 계속되었다. 그런데 어떤 형식이 되었든 간에 2011년에 가서야 이 의궤를 돌려받게 되었으니까 협상을 시작한 후 20년이라는 긴 시간이 흐른 다음에야 돌려받게 된 것이다.

그동안 양국 정부 사이에는 많은 협상이 있었는데 이것들은 너무 번쇄해 다 밝힐 필요를 느끼지 못한다. 따라서 설명을 건너뛰는 게 낫겠다는 생각이다. 이에 대한 자세한 정보는 '외규장각 의궤'의 홈페이지[6]에 있으니 관심 있는 사람은 이것을 참고하면 되겠다.

과정이 어찌 됐든 양국 정부는 2010년에 이르러서야 합의에 성공하게 되는데 의궤를 5년 단위로 갱신하면서 대여해주는 방식으로 귀착된다. 이것은 사실상 반환이지만 프랑스 당국은 결코 '영구 임대'나 '반환'이라는 단어를 쓰지 않고 계약을 주기적으로 갱신하는 대여 형식을 고집했다. 그들은 왜 이렇게 했을까?

훔쳐 간 것인데, 울분을 살만한 일

우선 프랑스 정부는 자국 내의 문화재는 결코 타국에 양도할 수 없다는 원칙을 고수하고 있어 의궤의 반환에는 확실한 반대를 표했다. 이렇게 하는 이유는 간단하다. 한국의 의궤 반환이 선례가 되면 프랑스에게 문화재를 뺏긴 다른 나라들도 앞다투어 반환을 요청할 염려가 있기 때문이다.

그래서 반환이라는 용어는 쓰지 않았는데 항간에는 이 대신 영구 임대라는 표현을 쓰는 경우도 있다. 의궤를 프랑스가 한국에게 영구적인 임대 형식으로 빌려주었다는 것이 그것이다. 그런데 엄밀히 말하면 의궤의 경우는 영구 임대라고 할 수 없다. 영구 임대는 빌려주고 아무것도 하지 않는 것이지만 한국 정부와 프랑스 정부가 맺은 협정은 5년마다 계약을 갱신하는 것이기 때문이다. 이것은 프랑스 정부가 의궤의 소유권은 철저히 자신들이 갖고 한국에는 전시권만을 주겠다는 것으로 이해된다.

한국인의 입장에서 보면 이 같은 프랑스 정부의 작태는 울분을 살 만

---

6) http://www.museum.go.kr/uigwe/

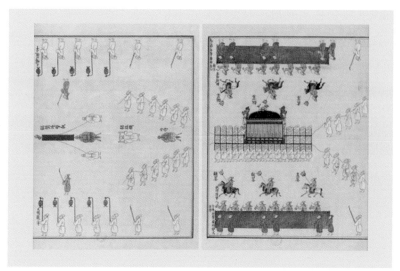

31-장렬왕후국장도감의궤 (국립중앙박물관)

하다. 그렇지 않은가? 우리에게서 훔쳐 간 것을 돌려달라는데 무슨 영구
임대고, 5년마다 계약 갱신을 하면서 빌려준다고 하느냐는 것이다. 이것
은 도둑이 훔쳐 간 물건을 원주인에게 돌려줄 때 빌려주는 형식으로 되
돌려 준다는 것과 같은 격이다. 그러니 말이 안 되는 것이다.

  게다가 그들은 이 의궤가 얼마나 대단한 책인지 알지 못해 도서관 별
관에 처박아 놓고 있지 않았던가? 이런 세계적인 보물을 알아보지 못하
고 창고 같은 데에 버리듯 방치해 놓았다가 우리가 달라고 하니 그제야
못 준다고 하는 것이니 어이가 없는 것이다. 당시 나는 프랑스의 이러한
처사에 많은 분개를 했다. 그런데 다행히 프랑스에서 문화부 장관을 역
임했던 자크 랑 같은 양심 있는 이들이 나섰다. 그들은 사르코지 대통령
을 설득해 의궤를 한국 정부에게 위와 같은 형식으로 반환하기로 조약을
맺는 데에 큰 역할을 하였다. 이후 의궤는 4번에 걸쳐 한국에 돌아왔다.

이것이 대강 본 의궤 반환 사건의 전모이다.

그런데 이 모든 일은 박병선이 1975년에 이 의궤를 발견했기 때문에 가능한 일이었다. 물론 발견으로 끝나지 않았다. 그는 의궤를 발견하고 10여 년 동안 홀로 연구해서 의궤의 해제를 완성한다. 이렇게 의궤를 정리했을 뿐만 아니라 고국으로 반환하는 일을 시작해 실제 그 일이 가능하게끔 하는 데에 혁혁한 공을 세웠다. 그러면 이제 박병선으로 초점을 옮겨 그 지난했던 과정을 보기로 하자.

의궤의
발견과 반환,
그 중심에 있는
박병선

1975년,
드디어 찾았다

　박병선이 의궤를 찾는 과정에 대해서는 사실 그다지 알려진 것이 없다. 그가 어디를 어떻게 다니면서 의궤를 찾으려 했는지에 대한 구체적인 정보가 없다는 것이다.

　박병선이 1967년에 국립도서관 사서가 되면서 강화도의 외규장각에 있던 서책들을 찾기 시작했다는 것은 앞에서 말한 대로다. 그러다 바로 그해에 운명처럼 직지를 발견했고 그 후에 어떤 영웅적인 일들을 했는가에 대해서는 앞 장에서 이미 다 밝혔다. 그런데 그는 직지와 관련된 그런 엄청난 일들을 하면서도 이병도 교수가 부탁한 빼앗긴 외규장각 서책들의 행방을 언제나 염두에 두고 있었을 것이다.

　그러나 외규장각에 있던 서책들은 좀처럼 그의 앞에 나타나지 않았다. 이는 부피도 크고 분량도 상당하기 때문에 만일 도서관에 있었다면 쉽게 찾을 수 있었을 것이다. 그러나 외규장각에 있던 책들은 도서관에 없었다. 그래서 그토록 꼼꼼하게 찾아다녔던 박병선에게조차 발견되지 않은 것이다.

탐색, 그 행보를 재구성해서 추정해보면

박병선이 외규장각에 있던 책들을 발견하기 위해 무슨 일을 했는지에 대해 자세하게 서술한 자료는 없다고 했다. 강연이나 인터뷰 등을 통해 세세하게 설명하지도 않았다. 그가 직지를 발견하고 그것이 금속활자 인쇄본이라는 것을 밝히기 위해 얼마나 큰 노력을 기울였는가에 대해 상세하게 설명한 것에 비하면 외규장각 도서인 의궤의 탐색 과정은 너무도 알려진 게 없다. 따라서 우리는 그 과정을 추측해볼 수밖에 없다. 재구성해보면 다음과 같지 않을까 싶다.

앞에서 밝힌 것처럼 그는 1967년부터 프랑스 국립도서관에서 사서로 일하면서 외규장각에 있던 책들을 찾기 시작했다. 그런데 그해에 예기치 않게 직지를 발견하게 된다. 이후 그는 직지가 금속활자로 인쇄됐다는 사실을 밝히기 위해 온 힘을 기울였다. 그 지난한 과정에 대해서는 앞에서 상세하게 적은 대로인데 그 노력의 결과 1972년 유네스코가 주최한 고서 전시회에서 직지는 공식적으로 현존하는 가장 오래된 금속활자 인쇄본이라는 사실을 인정받는다.

우리는 이 사실을 통해 박병선이 1967년부터 1972년까지는 직지에 매달려 있었을 것이라고 추측해볼 수 있다. 따라서 그는 이 기간 동안은 외규장각 도서를 찾는 데에 집중할 수 없었을 것이다. 이렇게 보면 그가 외규장각 책을 찾는 일에 집중한 것은 아무리 빨리 잡아도 1972년 이후의 일이라고 추정할 수 있다.

파손 책 창고에서 맞이한 잊을 수 없는 순간

의궤를 찾는 과정에서 아마 그는 동료들에게 자신이 그런 동양의 책을 찾고 있다고 알렸을 것이다. 혹시나 하는 심정으로 동료들의 도움을 청

32-헌종경릉산릉도감의궤 어람용과 분상용

한 것이리라.

그러다가 1975년 어느 날 어떤 동료가 파리의 베르사유에 국립도서관 별관이 있는데 그곳에 파손된 책을 보관해 놓은 창고가 있다고 귀띔해 주었다. 그 말을 듣고 그는 혹시나 하는 마음으로 베르사유에 있는 별관으로 갔다. 그곳 사서에게 문의하니 사서는 한국에서 온 것 같은 책이 있다고 알려주더란다. 이 책이 바로 박병선이 그렇게 찾아다녔던 약탈당한 외규장각 서책, 어람용 의궤였다.

그런데 이때에는 그가 의궤를 제대로 보지 못하고 보관 상태만 확인했던 것 같다. 그때 그가 확인한 의궤는 잘 보존되어 있는 것이 아니라 무더기로 그냥 궤짝 속에 넣어져 있었다고 한다. 그는 이 모습을 보고 매우 의아해했다. 왜냐하면 책은 그렇게 보관하면 훼손되기 때문이다. 이 의문에 대해 프랑스 도서관 측은 손상된 의궤 표지를 수선하기 위해 잠시 궤짝 속에 넣어두었다고 해명했다고 하는데 이것은 설득력이 떨어진다.[7] 그보다는 의궤를 방치하고 있었다고 보는 편이 나을 것이다.

어떻든 프랑스가 약탈해 간 어람용 의궤를 발견한 박병선은 곧 열람허가증을 만들어 정식으로 신청하니 사서가 의궤를 갖고 나왔단다. 그때 그가 의궤를 보면서 직접 행한 술회는 우리의 가슴을 찌른다.

그는 '책을 펼치니 먹향이 코로 가득히 들어오고 온몸에 소름이 쫙 돋았다'고 술회했다. 그의 이야기는 계속된다. 그가 의궤의 모습에 감동한 나머지 너무 오랫동안 책만 바라보고 있으니까 사서가 와서 '어디 아프냐'고 물었다고 하는 재미있는 이야기도 있다.

이런 모습을 통해 우리는 그때 그가 얼마나 큰 감동을 받았는지 알 수 있다. 그는 후에 이 순간을 자신의 인생에서 가장 잊을 수 없는 순간이라고 토로했다.[8] 그런데 이 기쁨은 잠시에 불과했다. 당시 그는 앞으로 자신에게 닥칠 환란과 고초를 전혀 감지하지 못했다. 발견의 과정이 용이하게 진행된 것은 아니었지만 그 후에 겪을 고생에 비하면 아무것도 아니었다.

그는 그 소재가 오리무중이었던 외규장각 서책에 대한 정보를 얻으려고 해군청에까지 가서 협조를 구했다고 술회했다. 프랑스 해군은 강화도 외규장각에 있던 서책들을 훔친 장본인이니 혹시나 어떤 정보라도 얻을 수 있을까 해서 그곳에 갔던 모양이다. 그러나 이에 대해서는 더 이상 설명이 없어 그 후에 일이 어떻게 진행되었는지, 어떤 정보를 얻었는지 알수 없다.

어떻든 그는 이런 식으로 돌아다니면서 나름대로 외규장각 서책의 소

---

7) 유복렬(2013), p. 210.
8) 중앙일보 2019년 10월 17일 자, "잠자던 '직지' 깨운 박병선 박사"

재를 파악하는 일에 많은 노고를 기울였다. 그러나 방금 말한 것처럼 발견 이후에 마주치게 될 일은 이에 비하면 아무것도 아니었다. 그가 겪은 온갖 고생은 곧 그의 영웅적인 면모가 될 터인데 그 전에 살펴보고 싶은 것이 있다.

의문들, 왜 방치되어 있었을까?

박병선에 따르면 의궤를 발견했을 당시 이 책들은 온전치 않았다고 했다. 특히 표지가 많이 상해 있었는데 원래의 모습을 그대로 유지하고 있던 책은 얼마 되지 않았다고 한다. 그곳에 보관되어 있었던 297권의 책 가운데 10여 권을 제외하고 대부분은 표지가 상해 있었다고 한다. 그래서 이 의궤들이 파지본 창고에 있었던 것일 게다.

그런데 나는 이게 이해가 안 된다. 이해가 가장 안 되는 점은 국립도서관 측이 책을 어떻게 보관했기에 책이 이 꼴이 되도록 방치했느냐는 것이다. 어람용 의궤는 누가 보더라도 범상치 않은 책인데 왜 이렇게 홀대했는지 알 수 없는 노릇이다. 그 책들이 도서관에 있었다면 표지가 이렇게 상할 리가 없다. 도대체 어떻게 취급했기에 책이 이렇게 됐는지 궁금하다.

또 궁금한 것은 도서관 측이 의궤를 여기다 가져다 놓은 것은 이를 고치려고 한 것인지 아니면 아예 버리려고 한 것인지에 대한 것이다. 추정컨대 의궤를 버리려는 것보다는 수선이 필요해 갖다 놓은 것 같은데 그렇다면 또 이해가 안 되는 점이 있다. 그것은 너무 오랫동안 이 의궤를 방치한 것으로 보인다는 점이다. 과연 의궤는 언제부터 이곳(별관의 파손 책 보관 창고)에 있었을까?

박병선이 1967년부터 이들 서책을 찾기 시작했지만 도서관 안에서는

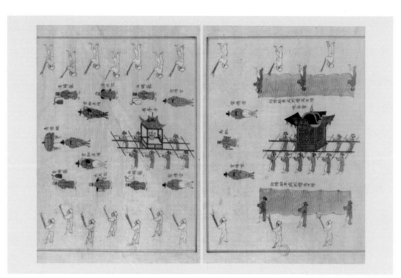

33-효순현빈예장도감의례(국립중앙박물관)

발견하지 못했으니 그 이전에 의궤가 이 별관의 창고로 보내졌을 가능성이 있다. 그렇게 보면 의궤가 창고로 보내진 것은 적어도 10여 년 전의 일이었을 것이다. 그러면 이 책들은 그 오랜 기간 동안 적절한 조치를 받지 못한 것이 된다. 10여 년 이상 아무런 수선이나 보호를 받지 못한 것이다. 그렇다면 이것은 프랑스 국립도서관 측이 이 책들을 거의 버린 것이나 다름없다고 생각해야 하지 않을까? 진실은 확실히 알 수 없지만 그런 생각이 강하게 든다.

왜 이런 일이 생겼을까? 혹시 당시 프랑스 도서관 측은 이 의궤의 장정을 고칠 수 있는 기술을 갖고 있지 않아 그대로 방치한 것은 아닐까? 그렇지 않고서야 이렇게 의궤를 방치할 리가 없을 것 같다. 사정이 어떻든 간에 문화 강국이라는 프랑스에서 이런 일이 일어난 것은 심히 유감스러운 일이다.

유감스러운 일은 또 있다. 의궤를 이 지경으로 만들어 놓고 주인인 우리가 그것을 돌려달라고 하니 죽어도 안 되겠다고 하던 도서관 직원들의 태도 역시 이해가 되지 않는 것은 마찬가지다. 만일 박병선이 그곳에서 의궤를 발견하지 못했다면 의궤는 거기서 아무 조치를 받지 못한 상태로 있다가 폐기 처분되었을지도 모르는 일이다.

여기서 또 의문이 생긴다. 이 의궤를 발견한 후, 박병선은 매일 도서관에서 의궤를 정리하는 일을 하게 된다. 그는 어떻게 이 일을 할 수 있었던 것일까? 이 의궤가 도서관으로 돌아와 서고에 있었기에 가능했던 일이 아닐까 하는 생각이 드는데 확실한 것은 알 수 없다. 이에 대해서는 그의 술회 어디에서도 단서를 찾을 만한 것이 없다. 다만 그가 이 의궤의 해제를 만들고 있을 때 한국대사관에 가서 했던 말에서 작은 단서를 발견할 수 있다.

그는 당시 대사관 관계자에게 말하길 '의궤는 파지본 창고에 있어 관리를 받고 있지 않다'고 했다. 이것으로 보면 의궤는 당시 창고에 있었던 것 같은데 문제는 언제까지 그곳에 있었는지 알 수 없다는 것이다. 그가 생존해 있을 때 이런 것들을 심층 조사해 모두 밝혀 놓았어야 했는데 그렇게 하지 못해 안타깝기 짝이 없다.

그런데 박병선이 의궤를 발견한 후에 의궤가 어디에 어떻게 보관되어 있었는지를 알게 해주는 귀중한 정보가 있다. 이것은 1999년에 의궤 반환 협상을 위해 한국 측 대표의 자격으로 파리에 있는 프랑스 국립도서관을 방문한 한상진 교수가 알려준 정보이다.[9] 그가 그때 도서관을 직접 방문해 보니 의궤는 앞에서 말한 베르사유 소재 별관이 아니라 도서

9) 유복렬(2013), p. 14.

관의 고문서관에 있었다고 했다. 그리고 박병선이 발견했을 당시처럼 궤짝 안에 여러 권이 보관되어 있는 것이 아니라 한 권씩 따로따로 푸른색 상자에 넣어져 있었다고 했다. 추정컨대 프랑스 국립도서관 측은 박병선이 의궤를 발견하고 이 사실을 공론화하자 이 책을 더 이상 이전 상태로 방치할 수 없다고 생각한 것 같다. 의궤를 상자에 한 권씩 넣어서 보관하고 있었다고 하니 도서관 측이 상당히 신경 쓴 것을 알 수 있다(왜 진작 그렇게 안 했는지 모를 일이지만 말이다).

영웅을 향한
놀라운 시선들

다시 우리의 주제인 박병선 이야기로 돌아가자. 의궤를 발견한 박병선은 기쁜 나머지 이 사실을 한국에 알렸다. 그런데 놀랍게도 한국 관계자의 반응은 '문제를 일으키지 말고 좀 가만히 있으라'는 것이었다. 과거에 잃어버린 귀중한 유물을 이역만리 프랑스에서 고군분투 끝에 마침내 찾았다고 하면 한국 정부가 좋아할 줄 알았는데 완전히 정반대의 반응이 나온 것이다.

한국 관계자들의 반응, 외려 냉대

당시 한국과 프랑스 사이에 어떤 외교적 문제가 있었는지는 잘 알려지지 않았지만 한국 정부는 약탈 문화재의 반환 문제 같은 것을 가지고 외교적 분쟁을 일으킬 생각이 없었던 모양이다. 그리고 당시(1975년) 한국의 문화적 수준을 생각해보면 한국 정부의 냉대도 이해할 만하다. 그때 정부 관계자들을 포함한 한국인들은 전통적인 것들을 파괴하기에 바빴을 테니 외국에 가 있는 조선의 서책까지 신경 쓸 여지가 없었을지 모른다.

당시 한국 학자들의 태도 역시 박병선을 실망시켰다. 그는 의궤 같은

34-청주 고인쇄박물관을 찾은 박병선 박사(청주 고인쇄박물관 라경준 학예실장 제공)

고문헌 분야를 전공한 사람이 아니다. 따라서 이 책에 대해 연구하려면 한국에서 만든 참고 자료가 필요했다. 그는 의궤와 관련된 참고 문헌을 한국의 서지학자들에게 요구했다. 서지학이란 책에 대해 체계적으로 연구하는 학문으로 상당히 전문적인 분야에 속한다. 그런데 이 서지학자들의 반응 역시 뜻밖이었다.

 그들은 박병선에게 '서지학을 제대로 모르는 사람이 왜 서지학에 손을 대려고 하느냐, 할 일 없으면 밥이나 먹고 잠이나 자라'는 식으로 매우 냉소적으로 반응했다고 한다. 지금은 많이 나아졌지만 이전에 국사나 국문학 같은 국학을 전공한 사람들을 보면 그들의 학문적인 태도가 매우 배타적인 경우가 많다. 이러한 모습은 내가 40여 년 전에 그 분야에 있었기 때문에 조금은 안다. 지금도 이런 경향이 어느 정도 남아 있거늘 당시에는 그러한 태도가 훨씬 더 두드러졌을 것이다. 어떻든 이런 안팎의 무

관심과 냉대를 받으면서도 박병선은 의궤를 정리하는 한편 끊임없이 반환 요청을 공론화해 1990년대 초부터 마침내 양국 정부를 협상 테이블에 앉게 만든다.

프랑스 국립도서관 측의 비난, 반역자 취급받는 그

그런데 이보다 그를 더 힘들게 만들었던 것은 프랑스 국립도서관 측의 태도였다. 그가 의궤를 발견하고 이 사실을 한국대사관이나 한국 정부에 알리고 다니자 도서관 측에서는 그를 노골적으로 비난하기 시작했다.

이러한 태도를 이해하지 못할 바는 아니다. 도서관의 입장에서 보면 그의 이러한 행위는, 자기네 직원이 프랑스인들이 과거에 자행했던 약탈행위를 까발리는 것으로 보일 수 있었기 때문이다. 그러니 심기가 좋을 수 없었을 게다. 물론 박병선은 귀화해서 프랑스인이 되었지만 한국인의 입장에 서서 이 책은 원래 한국의 것이니 한국에 반환해야 한다고 주장하고 다녔으니 도서관에서도 가만히 보고 있을 수 없었을 것이다. 도서관의 입장에서 볼 때에 이 의궤는 엄연히 프랑스 정부의 소유이다. 그런데 이 책을 다른 나라인 한국에 반환해야 한다고 주장하니 그것을 받아들일 수 없었을 것이다.

이에 대해서는 그가 한 신문사와 행한 면담 기사[10]에 잘 나와 있다. 그가 의궤의 존재를 국내외에 알리고 다니자 도서관 측에서는 그를 거의 반역자로 취급했다고 한다. 사정이 그러하니 친했던 동료들마저 그를 향해 눈도 맞추지 않으면서 아예 모르는 척했다고 한다. 투명인간 취급한 것이다.

---

10) 여성신문 2011년 12월 23일 자.

그런데 한국인의 입장에서 보면 그들이 과연 그렇게까지 할 필요가 있었을까 하는 생각이 든다. 왜냐하면 알려진 대로 이 의궤는 그들이 훔쳐 간 것이니 자기 것이라고 주장하는 것은 어불성설이 아닌가 하는 생각이 들기 때문이다. 게다가 그들은 이 책을 파손된 책 창고에 가져다 놓고 관심도 없었는데 우리가 그걸 발견하고 돌려달라고 하니 그제야 욕심이 생겨 주지 못하겠다는 것은 무슨 심보란 말인가?

온갖 트집과 폄하, 달달 볶인 박병선

이 신문 기사에는 재미있으면서 곱씹어볼 만한 이야기가 있다. 박병선이 의궤를 발견하고 그 존재를 홍보하고 다니자 도서관 관계자들은 '그 서책은 당신이 찾은 것에 불과하지, 발견한 것은 아니다'고 하면서 온갖 트집을 잡았다고 한다.

여기서 그들이 말하는 '찾은'과 '발견한'의 차이점이 무엇일까? 박병선은 이에 대해 자세하게 설명하지 않았기 때문에 추측하는 수밖에 없다. 먼저 '발견한' 것이라는 것은 남들이 모르는 것을 처음으로 찾았다는 것을 뜻하는 것 아닐까 하는 생각이다. 그에 비해 '찾은' 것이라는 말은 어떤 것이 항상 우리 곁에 있었는데 모르고 지내다가 우연히 그 거처를 알게 되었다는 것을 뜻하는 것 같다. 예를 들어 집안에 가위를 두었는데 그게 어디에 있는지 모르고 있다가 후에 그 소재를 알게 되면 그에 대해서 '가위를 찾았다'라고 하지 가위를 '발견했다'라고 말하지 않는 것처럼 말이다. 따라서 도서관 관계자들이 그에게 의궤를 '찾은 것에 불과'하다고 말한 것은 박병선의 공을 내려 깎으려는 의도가 있던 것으로 보인다. 그가 한 일은 새로운 책을 발견한 게 아니라 원래 있던 책을 그저 찾은 것에 불과하다고 깎아내린 것이라는 것이다.

도서관 측은 한 발 더 나가 이 의궤의 발견에 대해 보도한 한국 신문의 기사들을 모두 프랑스어로 번역해서 그것을 가지고 그를 달달 볶았다고 한다. 이런 취급을 받으면서 그는 얼마나 힘들었을까? 직장의 동료들이 모두 등을 돌렸을 뿐만 아니라 모진 비난을 해댔으니 말이다. 그는 그런 현실에 맞서 잘 버텼다. 그러나 4년 뒤인 1979년 그는 결국 도서관으로부터 해고를 당하고 만다. 그로서는 대단히 억울했겠지만 어쩔 수 없는 일이었을 것이다.

두 가지 일을 동시에,
해제 작업과 반환 교섭

박병선은 이러한 험난한 현실에 굴하지 않았다. 해고당한 바로 다음 해 (1980년)부터 그는 의궤를 정리하는 작업을 시작한다. 의궤의 해제를 만드는 작업에 들어간 것이다. 그가 이 작업을 시작한 데에는 두 가지 이유가 있었다.

첫 번째 이유는 의궤의 보존 상태와 관계된다. 그가 외규장각 의궤를 발견한 후에 그 상태를 보니 도서관 측이 이 의궤에 대해 아는 것이 없어 도서 번호를 무질서하게 매겨 놓았단다. 한문을 모르는 프랑스 사서들이 간지(干支)로 된 연대를 제대로 구분하지 못해 책의 순서를 뒤죽박죽으로 만들어 놓았던 것이다. 또 어떤 책의 경우에는 상하로 처리해야 하는데 아예 다른 책으로 분리해서 정리한 것도 있었다고 한다. 이런 모습을 보고 그는 의궤를 제대로 정리해야겠다는 생각을 갖게 된 것이리라.[11]

11) 박병선(2008), 『병인년, 프랑스가 조선을 침노하다』, 태학사, p. 243.
이 책의 앞부분은 프랑스어로 집필되어 있는데 이 부분은 조선의 외규장각 도서가 프랑스에 약탈되었음을 알리고 한국으로의 반환을 촉구하기 위해 프랑스인들에게 병인양요의 역사적 사실을 알리려는 의도로 작성되었다.
같은 제목으로 된 이 책의 후편이 2013년에 또 출간(조율출판사)되었는데 이것은 그의 유작이다. 그의 유언에 따라 그가 타계한 다음에 출간되었기 때문이다. 이 책에는 당시 프랑스 함대의 로즈 제독이 본국에 보낸 보고서나 프랑스 정부의 공문 등 많은 문서들이 소개되어 있다.

두 번째 이유는 의궤의 반환과 관련이 있을 것이다. 그는 의궤를 발견하고 처음부터 이 책을 한국으로 돌려보내야겠다는 마음을 갖고 있었던 것으로 보인다. 의궤를 정리하기 시작한 것은 이렇게 반환을 위한 사전 작업을 실행한 것일 것이다.

10시부터 5시까지, 파란 책 속에 묻혀서

실제로 반환 작업을 시작했을 때 한국 측에서 가장 먼저 해야 할 일은 프랑스 측에 이 책에 대한 정확한 자료를 제시하는 것이었다. 그러니까 한국 측이 프랑스 정부에게 '당신네 도서관에 이런, 이런 책이 있는데 그것은 우리 것이니 돌려주시오'라고 했을 때 들이댈 정확한 자료가 있어야 한다는 것이다. 그렇지 않고 그냥 '당신네 도서관에 의궤라는 서책이 있는데 그것은 원래 우리 것이니 돌려 달라'고 하면 프랑스 정부 측에서 얼마든지 꼼수를 쓸 수 있었을 것이다. 예를 들어 책의 일부를 뒤로 감추고 돌려주지 않을 수도 있다. 따라서 당시에 이러한 자료를 만드는 일은 그가 보기에 꼭 필요한 일이었을 것이다.

그런데 이 일을 할 때 그는 다른 기관으로부터 아무런 지원도 받지 않았다고 한다. 혼자만의 힘으로 행한 것인데 그 고초가 얼마나 심했을지 상상을 할 수 없을 정도다.

그는 월요일부터 토요일까지 매일 도서관에 갔다. 그리고는 오전 10시부터 도서관을 닫는 5시까지 의궤를 정리하는 작업을 했다고 한다. 놀라운 사실은 그는 더 이상 직원 신분이 아니었기에 개인 자격으로 갈 수밖에 없었다는 점이다. 이때의 일화 한 가지를 소개해야겠다. 그가 점심시간에 자리를 비우면 도서관에서 책을 반환하라고 할까 봐 밥도 안 먹고 의궤를 정리하는 일에 매진했다고 한다.

그래서 그때 그에게 '파란 책 속에 묻혀 있는 여성'이라는 별명이 생겼다고 한다. 의궤의 표지가 파란색으로 되어 있어 이런 별명이 붙었을 것이다. 도서관의 사서들은 한문을 전혀 모르니 의궤가 어떤 책인지 몰라 제목으로는 부르지 못하고 표지 색깔로 책을 표현한 것이다.

이처럼 그가 의궤의 프로필인 해제를 만드는 작업을 할 때 그 방대한 분량과 내용을 홀로 요약 정리하느라 비용이 많이 들었다고 한다. 그는 이 비용을 대기 위해 간직하고 있던 골동품을 팔아 충당했다고 전한다. 또 어떤 때는 판화를 수선하는 아르바이트를 했다고 하는데 그가 어떻게 판화를 수선하는 기술을 갖고 있었는지는 알려진 바가 없다. 이런 것들은 그가 생존해 있었을 때 집중적으로 조사했어야 하는데 그렇게 하지 못해 아쉬움이 남는다.

어떻든 그는 의궤의 해제 작업을 개인 신분으로서 꾸준하게 진행했다. 그리고 1985년에 마침내 그 연구의 결과를 단행본으로 출간했다.[12] 이 책에서 그는 프랑스 국립도서관에서 발견한 외규장각 어람용 의궤와 한국의 규장각과 장서각에 나뉘어 소장되어 있는 분상용 의궤를 비교하면서 도표로 제시하고 있다.

반환 성사를 위한 행보들, 돌려주지 않을까?

그는 이처럼 의궤를 정리하는 한편 시간이 날 때마다 파리에 있는 한국대사관을 찾아갔다. 그리곤 대사관 관계자들에게 프랑스 정부와 이 의궤의 반환 교섭을 하라고 종용했다. 당시 그는 의궤 반환이 충분히 가능할 것이라고 본 것 같다. 왜냐하면 앞에서 잠깐 언급했지만 이 의궤가 파

---

12) 박병선(1985), 『조선조의 의궤, 파리 소장본과 국내 소장본의 서지학적 비교 검토』, 한국정신문화연구원.

지본으로 분류되어 있어 대장(臺帳)도, 카드도 없는 상태이었기 때문이다. 한 마디로 말해 프랑스 국립도서관에서는 이 의궤를 자신들이 소장하고 있는 도서로 간주하지 않고 있었던 것이다. 이런 상황이었기 때문에 박병선의 짐작에는 이를 돌려달라고 하면 주저 없이 주지 않을까 하고 생각한 것 같다.

만일 의궤가 도서관의 정식 소장 도서로서 정리되어 있었다면 이 책에 대한 도서대장이 당연히 있어야 했다. 도서대장이란 도서의 모든 것을 적어놓은 것으로 그 내용에는 도서 번호, 도서명, 저자, 발행 연월일, 면수, 출판사, 가격 등이 포함된다. 그리고 이에 따라 도서 분류 카드가 만들어지는 것이다. 그래야 이용자들이 책을 이용할 수 있는 준비가 끝나게 된다. 그런데 이 의궤는 그런 작업이 되어 있지 않았다.

다시 말하지만 도대체 당시에 프랑스 국립도서관 측은 이 의궤를 어떻게 생각하고 있었는지 그 심산이 궁금하다. 그들은 의궤에 대해 아예 무관심했던지, 아니면 이 책이 무엇인지 몰라 그냥 내팽개쳐 놓은 것인지 그 사정을 알 수 없다는 말이다. 이것도 박병선이 생존해 있을 때 본인에게 물어보았어야 했던 일인데 지금은 그럴 수 없으니 아쉽기만 하다.

어떻든 박병선이 이런 사정을 한국대사관 측에 알렸을 때 대사 본인은 매우 호의적인 태도를 보였다고 한다. 그러나 그는 한불 관계의 미묘함을 들어 완곡하게 거절했다. 한불 관계가 미묘하다는 게 어떤 것인지 잘 모르겠지만 공무원들은 원래 새로운 일을 잘 하지 않는 법이라 그런 태도를 보인 것 아닌지 모르겠다. 당시에는 프랑스가 의궤를 돌려줄 것 같지도 않고 또 본국에서도 아무 지시가 없었을 터이니 대사 혼자 선뜻 나서기가 힘들지 않았을까 하는 생각이 든다.

이 같은 교섭을 하는 중에도 그는 의궤의 해제 작업을 계속 진행해서

1990년, 즉 작업을 시작한 지 10년 만에 모든 작업을 끝마치게 된다. 그런데 이 해제는 상업성이 없어 프랑스에서는 출판할 수 없었다. 그런 끝에 박병선은 당시 대통령이었던 노태우에게 편지를 써서 이 사정을 알렸다. 이 편지는 서울대 규장각을 맡고 있던 이태진 교수에게 전달되었다. 대통령이 편지를 전했다는 것은 곧 편지에 쓰여 있는 대로 해야 한다는 것을 의미한다. 쉽게 말해 지시를 내린 것이다. 그런 과정을 거쳐 박병선이 쓴 이 책이 드디어 1992년에 서울대의 지원을 받아 발간된다.[13]

이 작업을 하는 도중 박병선 박사는 계속해서 의궤를 반환받아야 한다는 민원을 공론화 시키려고 많은 시도를 했다. 그 노력이 결실을 보아 앞에서 본 것처럼 1991년 당시 국사편찬위원장이었던 이태진 교수를 중심으로 의궤를 포함한 외규장각 도서 반환 운동이 공식적으로 시작됐다. 그다음의 경과는 다소 복잡할 뿐만 아니라 굳이 그 자세한 사정을 알 필요 없을 것 같으니 생략하자.

마침내 2011년 4월, 그리고 그해 11월

중요한 것은 이 의궤가 마침내 2011년 4월에 한국으로 돌아왔다는 것이다. 박병선은 프랑스에 있던 외규장각 어람용 의궤 전부가 한국에 돌아온 것을 보고 그해 11월 프랑스 파리에서 세상을 떠났다. 그는 비록 대여 형식이지만 의궤가 한국에 돌아온 것을 직접 목도하고 세상을 떠났으니 천만다행이 아닐 수 없다.

그는 의궤 반환 운동을 하면서 프랑스인들로부터 '왜 그 책을 한국에 반환해야 하느냐'는 질문을 많이 받았던 모양이다. 프랑스인의 입장에서

---

13) Pak, Pyŏng-sŏn『Règles Protocolaires de la Cour Royale de la Corée des Li(1392~1910)』(이씨 조선의 궁중 의전 의례), Séoul 1992.

35-박병선 박사(청주 고인쇄 박물관 라경준 학예실장 제공)

는 비록 그 책이 자신들이 훔쳐 온 것이기는 하지만 오랫동안 프랑스에 보관되어 있었으니 굳이 반환할 필요가 있겠는가 하고 생각한 것이리라. 그러면 박병선은 그 질문에 '만일 루이 14세 재위 시 궁중에서 거행됐던 왕실 행사를 자세히 기록한 서책이 다른 나라에 있으면 어떻게 하겠느냐'고 역질문을 던졌다고 한다. 예상대로 대부분의 프랑스인들은 '당연히 찾아와야 한다'라고 답했다고 한다. 이것은 상식적인 이야기다. 이 역질문에 프랑스인들은 그에게 설득 당했을 것이다.

그런데 박병선에게는 의궤의 반환과 관련하여 마지막까지 안타까운 점이 있었다. 그는 한국 정부가 프랑스 정부로부터 의궤를 돌려받는 방식이 영 마음에 들지 않았다. 프랑스 법원조차도 그들이 한국의 의궤를 약탈한 사실을 인정했는데 왜 '대여'의 형식으로 돌려받느냐는 것이다. 도둑이 훔쳐 간 물건을 돌려받을 때 당연히 '반환'의 형식으로 해야지 왜 도둑에게서 그 물건을 빌려오는 것처럼 하느냐는 말이다. 재론할 것도 없이 그의 말이 전적으로 맞는다. 그러나 사정이 어떻든 양국 정부가 그렇게 협약했으니 어쩔 수 없는 일이다.

우리가 비록 이렇게 대여 형식으로 의궤를 돌려받기는 했지만 의궤가 다시 프랑스로 갈 일은 없을 것이다. 그러니 안심해도 되겠다는 생각이다. 박병선은 이 귀중한 유산이 한국으로 돌아오는 데 온갖 역경을 마다하지 않고 홀로 우뚝섰던 우리의 문화 영웅이다.

대한독립만세, 파리 한국독립기념관 건립을 꿈꾸며

박병선과 의궤가 관계된 이야기는 여기까지다. 그런데 사실 그의 관심은 의궤에만 국한된 것은 아니었다. 그는 세상을 떠나기 직전까지 파리에 한국 독립 기념관을 만들고 싶어 했다. 이에 대한 일화로 그가 외규장각 의궤 귀환 직전에 파리에 있는 한국문화원에서 3.1절 기념식을 거행할 때 '대한독립만세'를 외친 것은 잘 알려진 사실이다. 그는 1967년에 프랑스 국적을 취득하고 행정상으로는 프랑스 사람으로 살았지만 정신적으로는 여전히 한국이 모국이었던 것이다.

그래서 그랬는지 그는 50여 년을 프랑스 파리에서 살았음에도 불구하고 모국을 잊지 않고 한국의 독립운동과 관련해서 1만5000여 쪽 분량, 2000여 개 상자 분량의 자료를 모았다고 한다. 이들 대부분은 프랑스 외무부 고문서관에서 수집한 것인데 그 내용을 보면 이런 것이다. 3·1운동 때 한국 주재 프랑스 영사관이 본국에 보낸 공문서, 또 일제기에 일본과 중국에 있던 프랑스 공관에서 작성됐던 공문서 중 한국의 독립운동에 관한 서류 등이 그것이다.

그런가 하면 잘 알려지지 않은 이야기도 있다. 그가 이렇게 한국인들의 독립운동을 조사하던 중 재미있는 사실을 하나 발견했다. 1919년 파리강화회의가 열렸을 때 대한민국의 독립을 호소했던 김규식 일행이 파리에 임시정부를 만들어 활동했다는 것이 그것이다. 그는 이를 기념하고자 한국대사관 관계자들과 함께 임시정부의 사무실로 썼던 집의 주인을 설득하여 한·불 수교 120주년이 되던 2006년에 이 집에 기념 현판을 거는 일에 성공했다. 이 일은 국내에는 잘 알려지지 않은 이야기이다.

박병선은 이처럼 일생을 한국의 역사와 문화를 알리기 위해 헌신적인 일을 했다. 한국인들은 이 점을 결코 잊어서는 안 될 것이다.

마치면서

생전에 직접 듣지 못한 아쉬움

지금까지 우리는 박병선 박사의 영웅적인 행보에 대해 살펴보았다. 이 작업을 마치면서 몇 가지 아쉬움이 남는다. 가장 아쉬운 것은 이 작업을 박 박사가 살아계실 때 하지 못한 점이다. 이 책을 쓰면서 면밀히 검토해 보니 박 박사 본인에게 직접 듣지 않으면 알 수 없는 사안들이 적지 않게 있었다.

다시 한 번 환기를 위해 예를 들어보면 우선 직지의 경우, 그가 직지를 발견했을 때 느낌이 어땠는지, 또 당시 도서관 측이나 동료들의 반응은 어땠는지에 대해 알려진 바가 없다. 의궤의 경우에는 그가 이 서책을 발견한 후에 따돌림을 받았는데 직지를 발견한 다음에는 그런 일이 없었는지 궁금하다. 또 그가 직지를 전시하고 난 다음에 수많은 전문가로부터 질문을 받았다고 했는데 그 질문의 내용이 구체적으로 어떤 것이었는지도 매우 궁금하다.

의궤에 대해서도 그에게 직접 듣고 싶은 이야기가 만만치 않다. 가령 그가 의궤를 발견했을 때 의궤는 원래 어디에 있다가 언제 그 창고로 갔는지, 또 의궤의 상태는 정확하게 어땠는지에 대한 것 같은 사안들이 궁금하다. 또 전하는 바에 따르면 대부분의 책들이 표지가 상해 있었다고 하는데 어쩌다 그렇게 됐는지도 궁금하다. 그런가 하면 책의 내지는 별 문제 없었는지 등에 대해서도 궁금한데 더 궁금한 것은 본문에서도 말했듯이 당시 프랑스인들이 이 의궤를 어떻게 생각하고 그 가치를 어느 정도 알고 있었는지에 대한 것이다. 이런 것들을 그가 생존해 있을 때 직접 물어보았으면 어렵지 않게 파악할 수 있었을 텐데 기회를 영영 놓쳐버려 안타깝기 짝이 없다.

전공을 접고 모국 선양 일에 평생을 바쳐

박병선 박사의 전공은 본문에서 밝힌 대로 원래 한국의 역사나 민속에 대한 것이었다. 그러나 직지를 발견하고 의례를 찾아내면서 그는 평생을 이 두 문헌을 정리하고 진실을 밝히는 데에 바쳤다.

또 그는 한국의 근대사, 특히 독립운동사를 집중적으로 연구했다. 이 주제들은 그의 전공과 그다지 관계없는 것인데 그는 자신의 전공을 접고 이 주제에 전념함으로써 모국을 선양할 수 있는 일에 전념했다. 자신을 모국이라는 전체에 바친 것이다.

그는 프랑스로 유학 갔을 때 자신이 이런 일을 하리라고는 상상하지 못했을 것이다. 그는 그저 박사학위를 따고 한국에 돌아와 해당 분야를 가르치는 교수가 되겠다고 생각했을지 모른다. 그러던 게 운명의 책인 직지와 의궤를 만나는 바람에 인생 행로가 완전히 바뀌고 말았다. 그런 끝에 그는 팔자에 없는 서지학자가 되고 활자 전문가가 되고 한국과 프랑스의 교류사가(交流史家)가 되었다.

말년까지 보여준 아름다운 행보, 위인 박병선

그는 인생 말년까지 영웅적인 모습을 보여주었다. 그는 말년에 암 때문에 투병 생활을 했는데 그런 가운데에서도 후학 양성을 부탁하면서 평생 모은 돈 이 억 원과 자신이 소유하고 있던 책을 아홉 상자에 가득 넣어 인천 가톨릭대에 기부했다. 그는 결혼하지 않았는데 그 이유도 추측에 불과하지만, 직지와 의궤의 연구에 매진하다가 결혼할 생각마저 잊어버린 것 아닐까 하는 생각이 든다.

이렇게 그는 평생을 한국의 역사와 문화를 전 세계에 제대로 알리기 위해 진력했다. 그중에서 직지와 관계된 것은 세계사적인 사건을 만들어 냈다. 지금까지 행해졌던 금속활자의 역사를 근본에서 바꾸어버렸기 때문이다.

그래서 전 세계인들은 박병선 박사를 직지를 찾아내고 그것이 현존하는 최고의 금속활자 인쇄본이라는 것을 고증해낸 위인으로 기억할 것이다. 그는 한국의 문화 영웅을 넘어서 세계의 문화 영웅으로 우뚝 서 있다. 우리는 절대로 그를 잊지 말아야 할 것이다.

지은이 | 최준식

펴낸이 | 최병식

펴낸날 | 2021년 11월 8일

펴낸곳 | 주류성출판사

주소 | 서울특별시 서초구 강남대로 435 주류성빌딩 15층

전화 | 02-3481-1024(대표전화) 팩스 | 02-3482-0656

홈페이지 | www.juluesung.co.kr

값 18,000원

잘못된 책은 교환해 드립니다.

ISBN 978-89-6246-454-2 04910

　　978-89-6246-285-2 04910(세트)